Sabine Magnet

Und was, wenn alle merken, dass ich gar nichts kann?

Über die Angst, nicht gut genug zu sein

AF642631

Sabine Magnet

Und was, wenn alle merken, dass ich gar nichts kann?

Über die Angst, nicht gut genug zu sein

mvgverlag

Bibliografische Information der Deutschen Nationalbibliothek
Die Deutsche Nationalbibliothek verzeichnet diese Publikation in der Deutschen Nationalbibliografie. Detaillierte bibliografische Daten sind im Internet über http://d-nb.de abrufbar.

Für Fragen und Anregungen:
info@m-vg.de

Originalausgabe, 4. Auflage 2024

© 2018 by mvg Verlag, ein Imprint der Münchner Verlagsgruppe GmbH
Türkenstraße 89
80799 München
Tel.: 089 651285-0

Alle Rechte, insbesondere das Recht der Vervielfältigung und Verbreitung sowie der Übersetzung, vorbehalten. Kein Teil des Werkes darf in irgendeiner Form (durch Fotokopie, Mikrofilm oder ein anderes Verfahren) ohne schriftliche Genehmigung des Verlages reproduziert oder unter Verwendung elektronischer Systeme gespeichert, verarbeitet, vervielfältigt oder verbreitet werden. Wir behalten uns die Nutzung unserer Inhalte für Text und Data Mining im Sinne von § 44b UrhG ausdrücklich vor.

Lektorat: Dr. Annalisa Viviani
Umschlaggestaltung: Marc-Torben Fischer, München
Satz: inpunkt[w]o, Haiger (www.inpunktwo.de)
Druck: CPI books GmbH, Leck
Printed in Germany

ISBN Print 978-3-86882-849-8
ISBN E-Book (PDF) 978-3-96121-086-2
ISBN E-Book (EPUB, Mobi) 978-3-96121-085-5

Wir produzieren nachhaltig
www.m-vg.de

Weitere Informationen zum Verlag finden Sie unter

www.mvg-verlag.de

Beachten Sie auch unsere weiteren Verlage unter www.m-vg.de.

Für meinen Bruder Martin.
Wenigstens einer, der's checkt.

INHALT

AUF GEHT'S!

Herzlichen Glückwunsch zur Eröffnung Ihres ersten deutschen Impostor-Buches! Ich freue mich, dass Sie es bis hierher geschafft haben. So weit wie Sie kommen lange nicht alle. Viele Menschen scheitern ja schon am Titel. Doch Ihnen ist es gelungen.

Ich weiß, was Sie jetzt sagen wollen: Das war reiner Zufall. Sie hatten eben Glück. Waren zur richtigen Zeit am richtigen Ort. Sind nur durch Beziehungen hier gelandet. Oder weil die Sie halt sympathisch finden. Sie denken bestimmt, dass die alle keine Ahnung haben, dass in Wirklichkeit Sie keine Ahnung haben. Dass Sie nur bluffen und die ganze Zeit bloß so tun als ob – und hoffen, dass Ihr Schwindel nicht auffliegt und alle merken, dass Sie gar nichts können …

Woher ich das weiß, wo Sie doch niemandem von diesem nagenden Gefühl erzählt haben? Ach wissen Sie, das war reiner Zufall, dass ich über dieses Phänomen gestolpert bin. Ich hatte eben Glück, dass der Verlag wollte, dass ich ein Buch darüber schreibe. Ich war einfach zur richtigen Zeit am richtigen Ort und kannte Leute im Verlag. Die fanden mich halt sympathisch. Die wussten ja auch nicht, dass ich in Wirklich-

keit keine Ahnung vom Schreiben habe. Dass ich eigentlich nur bluffe und so tue, als ob ich das hier kann.

Und jetzt hoffe ich nur, dass mein Schwindel nicht auffliegt und alle merken, dass ich gar nichts kann …

TEIL 1

WAS IST DAS EIGENTLICH?

Kapitel 1

GRUNDSÄTZLICHES

Kommt Ihnen das irgendwie bekannt vor?

An einem Vormittag im Herbst telefonierte ich mit meiner Freundin Nina und beglückwünschte sie zu ihrer Fotoreportage, die kurz zuvor in einem renommierten Magazin erschienen war. Nina ist eine talentierte Fotografin, deren Arbeit ich sehr bewundere. Ihre Bilder werden in bedeutenden Publikationen veröffentlicht, in Ausstellungen gezeigt und mit Auszeichnungen bedacht. Ich sagte ihr, dass ich ihre Bilder sehr berührend fand.*

»Da hatte ich unglaubliches Glück«, erwiderte sie. Die Menschen, die sie für die Geschichte fotografiert hatte, seien sehr offen gewesen und hätten ihr total vertraut. Als Journalistin weiß ich natürlich um die unterschiedlichen Faktoren, die für das Gelingen von Geschichten nötig sind. Man weiß nie genau, was einen erwartet, wenn man auf Reportage geht, auch wenn man im Vorfeld schon alles gegoogelt hat, was es zu

* Um die Privatsphäre aller Menschen zu schützen, die ihre persönlichen Erlebnisse preisgegeben haben, wurden Namen und andere Kennzeichen wie Berufe geändert.

googeln gibt. Im echten Leben ist es oft ganz anders. Manchmal werden Menschen scheu, wenn man ein Aufnahmegerät auspackt oder wenn sie die Kamera sehen. Oder die Baustelle nebenan ist so laut, dass sie angespannt und unkonzentriert werden, oder die Lichtsituation ist suboptimal.

Bei einer Geschichte, für die Nina und ich vor Jahren gemeinsam ans andere Ende von Deutschland gefahren waren, war am Morgen der Hund unserer Interviewpartnerin gestorben. Die Frau war fix und fertig und nicht zum Reden aufgelegt. Dass das Interview dennoch stattfand, war vor allem Ninas Verdienst. Ihre empathische und integre Reaktion schaffte einen Rahmen, in dem die Frau sich geschützt fühlte. Für das Fotoshooting schlug sie sogar selbst Motive vor. Wir verabschiedeten uns am Abend, und sie bedankte sich herzlich.

»Na ja, aber das hast ja auch du aufgebaut, das Vertrauen«, sagte ich Nina in Erinnerung an jene Episode. Und außerdem sei das Foto ja nicht deshalb gut, weil die Menschen so offen waren, sondern weil sie in dieser offenen Atmosphäre ein total gutes Foto gemacht habe. Darauf folgte eine längere Erklärung Ninas, die man ungefähr so zusammenfassen kann: Es war sehr wohl Glück, die Leute waren nett, und ihr Anteil am Gelingen dieses Fotos war eigentlich minimal.

Ihre Aussage wühlte mich emotional auf. Irgendwie verstand ich Ninas Argumentation, auch wenn sie objektiv betrachtet überhaupt keinen Sinn ergab. Aufgeregt schwadronierte ich über Leistung und falsche Bescheidenheit und darüber, was es bedeutet, zu sich zu stehen. »Was ist nur los mit uns? Wir machen das doch jetzt wirklich schon länger. Warum können wir das nicht anerkennen und dazu stehen?« Am anderen Ende der Leitung war es still. Nach einer Pause meinte Nina: »Manchmal habe ich Angst, dass die rausfinden, dass ich nur bluffe.« Sie sagte das mit gedämpfter Stimme, fast so, als wäre das Telefon verwanzt und »die« würden mithören. In mir machte es klick. Als sei ein Lichtschalter eingeschaltet worden. »Ich weiß genau, was du meinst«, schoss es aus mir heraus.

Nach dem Telefonat setzte ich mich an den Computer und fing an zu recherchieren.

Zweifelhafte Leistungen

Das soeben beschriebene Gefühl wird als Impostor-Phänomen bezeichnet. Man spricht davon, wenn Menschen ihre Erfolge nicht auf die eigenen Fähigkeiten und Talente zurückführen, sondern sie dem Zufall, Glück, der simplen Aufgabenstellung oder anderen äußeren Umständen zuschreiben. Menschen, die das Impostor-Phänomen erleben, haben das Gefühl, sich ihre Erfolge erschlichen zu haben: Sie halten sich für Betrüger*innen, die Kompetenz nur vortäuschen. Sie sind zwar klug, begabt und fähig, glauben aber, dass sie ihren Job, den Studienplatz, den akademischen Titel oder den Platz im Autorenworkshop nicht verdient haben, weil sie nicht so klug, begabt und fähig sind wie »die anderen«. Auf jeden Fall nicht so klug, begabt und fähig wie »die anderen« sie einschätzen. »Die anderen« sind entweder eine unbestimmte Personengruppe wie etwa die Kolleg*innen, die Vorgesetzten oder der Freundeskreis. Sie können aber auch bestimmte Personen sein: meine Chefin, mein Vater, Alex und Lea aus der Studiengruppe oder Hannah, die so toll schreiben kann.

Es liegt hier also eine Verschiebung vor sowohl in der Selbsteinschätzung als auch in der Fremdeinschätzung. Man schätzt sich selbst und die eigenen Fähigkeiten als gering und mangelhaft ein und das Können der anderen als hervorragend und vollkommen. Die anderen sind versiert und kompetent, nur man selbst hat eigentlich keine Ahnung, was man da tut. Man fragt sich, warum das noch niemandem aufgefallen ist, und fürchtet den Tag, an dem jemand einem auf die Schliche kommt. Die Angst als Hochstapler*in enttarnt zu werden, ist ebenfalls eine Komponente der Impostor-Erfahrung. Bei manchen ist es nur punktuelle Panik, während andere permanent ein latentes Angstgefühl mit sich tragen. Egal, wie viel Erfolg sie haben.

Ihre Erfolge führen unter dem Impostor-Phänomen leidende Menschen auf so ziemlich alles zurück: Es war Glück, totaler Zufall, eine Verwechslung, die schlechte Performance der Mitbewerber*innen, der Sympathievorschuss von Vorgesetzten, die günstige Sternenkonstellation ... Oder sie beziehen das darauf, dass man unheimlich viel dafür gearbeitet hat. Sie können nicht glauben, dass sie Talent haben, oder dass sie etwas einfach gut beherrschen und dass auch eine normale Vorbereitung für den Erfolg gereicht hätte. Im psychologischen Jargon nennt man das eine Unfähigkeit, Erfolge zu internalisieren. Hingegen können Betroffene Misserfolge sehr gut internalisieren. Wenn sie also scheitern, sehen sie die Verantwortung dafür ausschließlich bei sich selbst. Eine Prüfung wurde nicht exzellent absolviert? Ein Projekt war nicht erfolgreich? Eine Bewerbung hat nicht geklappt? Das zeigt doch, dass sie recht haben mit dem, was sie über sich selbst denken.

Dass bei Misserfolgen oft auch äußere Umstände eine Rolle spielen, negieren sie völlig. In ihrer Logik gibt es keine Erklärungen wie: »Das Briefing war suboptimal« oder »Ein so großes Projekt in so kurzer Zeit mit so wenig Geld kann keiner stemmen« und natürlich schon gar kein »Ist eben scheiße gelaufen«. Scheitern bedeutet mehr als einen beruflichen Rückschlag. Es ist eine persönliche Niederlage und die Bestätigung ihrer Ängste. Gleichzeitig bestätigt es aber auch ihre Identität: Hiermit ist also bewiesen, dass sie nichts können, dass sie fehl am Platz sind, dass sie nicht das Zeug dazu haben und sie allen nur etwas vormachen. Nicht scheitern ist aber auch keine Lösung, denn: Erfolge intensivieren das Impostor-Phänomen sogar noch. Einerseits verstärkt ein als unverdient empfundener Erfolg (also jeder Erfolg) das Gefühl der Hochstapelei. Auf der anderen Seite erhöht ein Erfolg den Druck: Jetzt muss ich womöglich diese Leistung wiederholen, obwohl ich es doch schon beim ersten Mal nur mit Glück geschafft habe.

Mit jedem Titel, mit jeder Beförderung, mit jeder Auszeichnung, ja schon mit jedem Lob steigt die Messlatte. »Je erfolgreicher ich bin, desto stärker wird dieses Gefühl der Unzulänglichkeit«, sagte die britische Schauspielerin Emma Watson 2013 in einem Interview, »weil ich denke: Jeden Moment wird jemand herausfinden, dass ich eine Mogelpackung bin und dass ich nichts von dem verdiene, was ich erreicht habe. Ich kann dieser Vorstellung, die die anderen von mir haben und ihren Erwartungen an mich auf keinen Fall gerecht werden.« Natürlich freuen sich auch vom Impostor-Phänomen Betroffene über Gelingen und Anerkennung, aber die Zweifel und Ängste stehen schon parat, um die Party zu crashen. Emma Watson beschreibt das Nebeneinander gegensätzlicher Gefühle: »Es ist so verrückt – manchmal kann Erfolg unglaublich bestätigend sein, aber manchmal ist es auch unglaublich zermürbend und verwirrend, denn man muss alles unter einen Hut bringen: wie man sich selbst fühlt und wahrnimmt und wie der Rest der Welt einen sieht.«

Eine Runde im Teufelskreis

Das Impostor-Phänomen zeigt sich in verschiedenen Phasen, die bei jedem Durchgang intensiver wirken. Ein Eskalationslooping für Brainfuck-Profis sozusagen. Die Wissenschaft hat dafür natürlich einen sachlicheren Namen. Treten Sie also ein in den Impostor-Zyklus, wo Erfolg und Grauen Hand in Hand gehen!

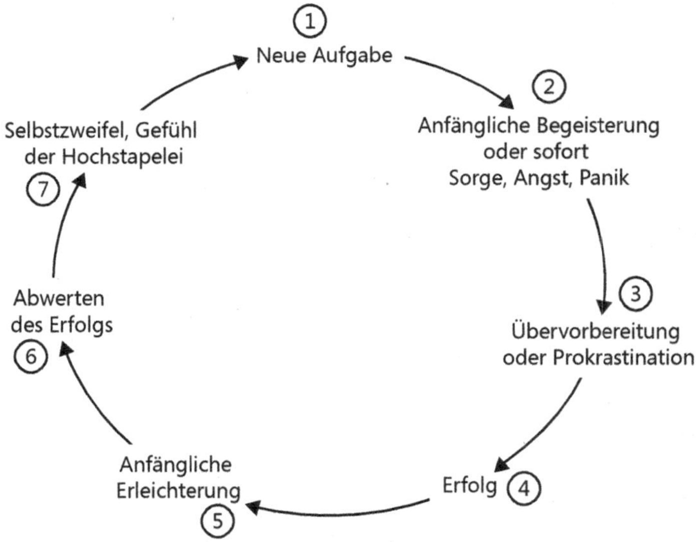

1. Wir steigen ein in dem Moment, in dem die Person einer leistungsbezogenen Aufgabe (oder mehreren) gegenübersteht.

Das kann ein neuer Job sein, ein Projekt, eine Präsentation oder einfach nur die Vorbereitung des Team-Meetings.

2. Unsicherheit, Sorgen und Angst setzen ein. Die Person bezweifelt, ob sie die Aufgabe (dieses Mal) bewältigen kann, und fürchtet die Enttarnung als Hochstapler*in, sollte sie die Aufgabe vermasseln.

Mögliche Effekte: Nervosität, Ängstlichkeit, psychosomatische Symptome, Albträume, Schlafstörungen.

3. Als Reaktion auf die Gefühle fängt die Person entweder an, unheimlich viel zu arbeiten und ist übervorbereitet, oder sie prokrastiniert zunächst, schiebt also die Vorbereitung bis kurz vor dem Termin auf und arbeitet dann wie von Sinnen, um alles noch zu schaffen.

4. Die Aufgabe wird erfolgreich erledigt, es gibt positives Feedback.

5. Die Person erlebt ein kurzes Gefühl der Erleichterung.

6. Den Erfolg wertet sie ab und erklärt das Gelingen mit der Übervorbereitung oder sieht es als Folge anderer externer Faktoren.

7. Der Erfolg und dessen Interpretation verstärken die Gefühle des Betrugs und der Hochstapelei sowie die Zweifel, Ängste und andere negativen Gefühle. Zudem empfindet die Person erhöhten Druck. Dieses Selbstbild und Gefühlsbett bilden die Grundlage für die nächste Aufgabe, und der ganze Wahnsinn geht wieder von vorne los.

Impostorismus ist nicht einfach nur eine psychische Unannehmlichkeit oder ein fancy Wort für Selbstzweifel. In zahlreichen Studien wurde nachgewiesen, dass das Impostor-Phänomen negative Auswirkungen auf das Wohlbefinden und die psychische und körperliche Gesundheit hat. Es kann zu Angstzuständen, Burnout oder zu Depressionen führen. Das Impostor-Phänomen ist mit Stress verbunden und wirkt sich auf den Körper und die Psyche aus. Hinzu kommt, dass unter diesem Phänomen leidende Menschen oft zu viel arbeiten. Schlaf, Bewegung, Freizeit, Erholung, soziale Kontakte kommen oft zu kurz, was wiederum den Nährboden für andere Krankheiten und psychisches Ungleichgewicht schafft.

Das Impostor-Phänomen hat aber auch negativen Einfluss auf den beruflichen Werdegang und die Karriereplanung. Es ist beispielsweise einer der Gründe für Dropouts im akademischen Bereich. Die Betroffenen bewerben sich eher nicht auf die höhere Stelle und fragen eher nicht nach einer Gehaltserhöhung. Das Impostor-Phänomen beeinflusst negativ die Jobzufriedenheit und hat Auswirkungen auf das Verhalten am Arbeitsplatz sowie auf die Identifikation mit dem Unternehmen.

Was das Impostor-Phänomen nicht ist

Das Impostor-Phänomen weist große Überschneidungen mit anderen Phänomenen und Erscheinungen auf, sodass es sich wie Altbekanntes anhört. Darum ist es wichtig zu wissen, was das Impostor-Phänomen nicht ist.

1. Das Impostor-Phänomen ist keine Krankheit oder Störung

Das Impostor-Phänomen wird nicht im ICD-10 aufgeführt. ICD ist das englische Akronym für »Internationale statistische Klassifikation der Krankheiten und verwandter Gesundheitsprobleme« und ist ein von der Weltgesundheitsorganisation (WHO) herausgegebenes Verzeichnis für anerkannte Krankheiten, das weltweite Verwendung hat. Die Zahl zeigt die Version an. In Deutschland sind Kassenärzt*innen gesetzlich dazu verpflichtet, ihre Diagnosen nach ICD-10-GM (der aktuellen deutschen Version) zu verschlüsseln. Was im ICD-10 steht, gilt als Krankheit oder Störung. Was dort nicht aufgeführt ist, wird kassentechnisch nicht abgerechnet. Depressionen stehen drin. Burnout nicht. Das ICD wird regelmäßig aktualisiert. Neue Krankheiten werden aufgenommen, andere werden gestrichen. Homosexualität war beispielsweise bis 1992 als Krankheit im ICD verzeichnet.

Das Impostor-Phänomen wird auch nicht im DSM-5 gelistet. Der »diagnostische und statistische Leitfaden psychischer Störungen« wird von der Amerikanischen Psychiatrischen Gesellschaft herausgegeben und ist das wichtigste Diagnoseverzeichnis der USA. Das Impostor-Phänomen selbst ist also – ähnlich wie das Burnout-Syndrom – keine anerkannte Krankheit und auch keine Persönlichkeitsstörung, weshalb in der Wissenschaft und in der Psychotherapie der Begriff »Syndrom« vorzugsweise vermieden wird. Dennoch kann dieses Phänomen schwerwiegende psychische und körperliche Auswirkungen haben, die man sehr wohl als Krankheiten bezeichnen kann.

2. Das Impostor-Phänomen ist nicht dasselbe wie schwaches Selbstbewusstsein

Studien haben gezeigt, dass schwaches Selbstbewusstsein und das Impostor-Phänomen hoch korrelieren. Das heißt, man wird bei Menschen mit hoher Ausprägung von Impostorismus auch eine hohe Ausprägung schwachen Selbstbewusstseins finden. Ebenso werden Personen mit schwachem Selbstbewusstsein ein hohes Maß an Impostor-Gefühlen anzeigen. Dennoch sind es zwei unabhängige psychologische Konstrukte, wie die folgende Tabelle veranschaulicht.

Schwaches Selbstbewusstsein	**Impostor-Phänomen**
»Ich bin wahrscheinlich nicht so gut.«	»Ich bin die/der Schlechteste, die anderen haben es nur noch nicht herausgefunden.«
Erfolg erhöht das Selbstbewusstsein.	Erfolg erhöht das Gefühl, Hochstapler*in zu sein sowie den Leistungsdruck.
Freude über Erfolg	Erfolg verschafft kurze Erleichterung, dann kommen die Gefühle des Betrugs und der Angst.
Angst vor Versagen	Angst vor Versagen und vor Erfolg
Angst, nicht gut zu sein	Angst, nicht gut zu sein und entlarvt zu werden
–	Angst vor Entdeckung
–	Tendenz zum Self-Handicapping

3. Impostor-Gefühle zu haben, ist nicht unbedingt »normal«

»Normal« ist ein beknacktes Wort. Es gibt Menschen, die sagen, Impostor-Erfahrungen seien doch ganz normal, man solle sich nicht so anstellen. Sie meinen damit, dass diese Gefühle »natürlich« seien und/oder nicht schlimm. Was aber ist »normal« oder »natürlich«? Typhus wäre nach der Definition auch natürlich, und trotzdem impft man dagegen. Wie schlimm etwas für eine Person ist, kann nur die betreffende Person selbst beurteilen. Und Menschen, die unter diesen Gefühlen leiden, nicht ernst zu nehmen und sie als – Achtung, jetzt wird's paradox – Hochstapler*innen zu bezeichnen, ist so, wie zu einer depressiven Person zu sagen: »Du darfst halt nicht alles so schwernehmen. Jetzt lach doch mal.«

Es stimmt, dass die meisten Menschen Angst vor neuen Aufgaben haben oder schon Situationen erlebt haben, in denen sie dachten: »Warum lassen die mich diesen Job machen? Ich hab doch gar keine Ahnung!« Wenn diese Gefühle aber mehr sind als nur ein kurzer Gedanke und eine Woche Magengrummeln auf dem Weg zur Arbeit verursachen, dann ist es nicht mehr »normal«. Es gilt also auch hier: Die Leidensstärke des Individuums entscheidet, ob es noch »normal« ist oder nicht. Und wenn man eine längere oder dauerhafte Beeinträchtigung der eigenen psychischen Gesundheit als »normal« empfindet, gehört man vielleicht auch zum Club ...

Was mache ich eigentlich hier?

Susanne war sich sicher, dass ihre Doktorarbeit bestenfalls durchschnittlich werden würde. Sie studierte Jura an einer renommierten Universität im Süden Deutschlands und hatte sich auf Anraten ihrer Dozenten zur Promotion angemeldet. Doch sie kam sich dabei seltsam vor. »Ich las einfach nur Bücher und schrieb Sachen zusammen, während die anderen Doktoranden alle richtig wissenschaftlich arbeiteten«, erinnert sie sich. Susanne ist alles andere als ein graues Mäuschen, das schulterhängend in der Ecke steht und immer zu leise spricht. Sie ist eher die Frau, an deren Tisch man bei einer Hochzeit sitzen will. Ihr Sinn für Humor ist großartig und ihre Augen glitzern, wenn sie lacht. Sie tritt selbstbewusst auf, ohne sich in den Vordergrund zu drängen, ist geradeheraus, pragmatisch und steht mit beiden Beinen fest im Leben. Und dann sieht sie natürlich auch noch gut aus.

Heute kann sich diese tolle Frau nicht erklären, warum sie damals der Ansicht war, ihre Leistungen wären kindergartenmäßig. »Ich hatte irgendwie das Gefühl, dass eine Doktorarbeit komplexer oder auf einem höheren Niveau sein müsste als das, was ich da tat. Leute, die promovieren, waren in meinen Augen megaelitär und superwissenschaftlich. Da hab ich mich halt nicht gesehen.«

Das Jurastudium gilt in Deutschland als das schwerste Studium. Rund 30 Prozent aller Studenten fallen beim Ersten Staatsexamen durch, das Zweite Staatsexamen schließen jährlich nur rund 8000 Studierende ab, nur 10 Prozent davon schaffen ein Prädikatsexamen. Dass sie in allen Klausuren im Hauptstudium sehr gute Noten hatte, hielt Susanne für reines Glück, »weil zufällig genau der Stoff drangekommen ist, den ich konnte oder den ich mir vorher angeschaut habe«. Beim Ersten Staatsexamen wollte sie einfach nur nicht durchfallen. Sie schaffte es auf Anhieb, und zwar mit sehr guter Note, was sie selbst überraschte. »Da habe ich schon in Erwägung gezogen, dass ich dieses Jura möglicherweise doch ganz gut kann«, sagt Susanne, um sich dann selbst zu unterbrechen, »aber es ist natürlich auch immer Glück dabei, zum Beispiel: Kommen Themen dran, die dir liegen?« Vor dem Zweiten Staatsexamen hatte Susanne dann wirklich Bammel. »Ich wollte natür-

lich unbedingt wieder eine entsprechende Note haben, weil ja sonst der Eindruck entsteht, dass es beim ersten Mal nur Glück war.« Dieser Eindruck entstand nicht. Im Schriftlichen hatte Susanne sogar das beste Ergebnis des gesamten Landesgerichtsbezirks.

Zwischen den Examen legte sie die mündliche Promotionsprüfung ab. Von den vier Teilen lief einer nicht so gut: »Das kotzt mich bis heute an.« Susanne hatte zwar keine Angst durchzufallen, »aber ich habe mich blamiert und irgendwie den Eindruck vermittelt, dass ich nicht so gut bin, wie die Vorbenotung war.« Auch das erwies sich als Trugschluss. Susanne promovierte mit der Bestnote »summa cum laude«. Sie freute sich schon darüber, aber nicht in dem Maße, in dem sich andere darüber freuen würden. Das lag bestimmt auch an der Anspannung, weil sie kurz vor dem Zweiten Staatsexamen stand. »Aber erstaunlicherweise war es für mich nicht so die große Sache. Obwohl es eigentlich total cool ist, hatte ich nicht das Bedürfnis, das jedem zu erzählen.« Das ist bis heute so. Ich erfuhr erst eineinhalb Jahre nach unserem Kennenlernen von Susannes Doktortitel. Eine gemeinsame Freundin erwähnte es.

Ich erkenne hier ein Muster …

Anfang der 1970er-Jahre machte die amerikanische Psychologin Pauline Rose Clance eine wegweisende Beobachtung. Als Lehrbeauftragte und Therapeutin am namhaften Oberlin College im US-Bundesstaat Ohio hielt sie sowohl Vorlesungen und gab Seminare, bot aber auch Beratung im Uni-eigenen

Beratungscenter an. In den Beratungsgesprächen offenbarten viele ihrer Studentinnen, dass sie von starken Selbstzweifeln und Angstzuständen geplagt waren. Die jungen Frauen hatten das Gefühl, ihre Studienplätze nicht verdient zu haben. Sie machten sich permanent Sorgen darüber, ob sie ihre Leistung aufrechterhalten konnten und hatten große Angst, die nächste Prüfung nicht zu bestehen. Das Interessante dabei war, dass es keine ersichtlichen Gründe für diese Selbstzweifel gab. Sie hatten noch nie eine Prüfung in den Sand gesetzt. Im Gegenteil. »Sie hatten exzellente Noten und Referenzen«, schreibt die Psychologin auf ihrer Webseite. »Eine sagte zu mir: ›Ich fühle mich hier wie eine Hochstaplerin unter all diesen unglaublich intelligenten Leuten.‹«

Das war ein Gefühl, das Pauline R. Clance selbst nur zu gut kannte. Während ihrer eigenen Studienzeit war sie davon überzeugt, dass alle anderen Studierenden schlauer waren als sie, dass es ein Versehen war, dass sie den Studienplatz bekommen hatte und dass sie bestimmt bald auffliegen würde. Aus einer bildungsfernen Familie stammend war sie zwar von ihren Eltern zum Lesen angehalten worden, wuchs aber ohne akademische Vorbilder auf. Clance hielt ihre Impostor-Gefühle für einen Teil ihrer Persönlichkeit, mit dem sie zu leben lernen musste. Dann wurde sie Assistant Professor am Oberlin College und traf auf all diese Studentinnen aus Akademikerfamilien, die von den besten Schulen des Landes kamen und hervorragende Noten vorwiesen – und dieselben Ängste äußerten.

1974 – sie hatte mittlerweile promoviert – wechselte Clance als Dozentin und Psychotherapeutin an die Georgia State University in Atlanta. Auch dort registrierte sie Gefühle der Unfähigkeit und Angst bei leistungsstarken Studentinnen. Mit ihrer Kollegin Dr. Suzanne A. Imes ging sie der Sache nach. Die Psychologinnen interviewten zahlreiche Frauen – Studentinnen wie Berufstätige, alle in ihrem Bereich erfolgreich und alle mit dem Gefühl, nur aus Versehen oder durch Glück so weit gekommen zu sein. Die Emotionen und Gedanken von über 150 Frauen zwischen 20 und 45 Jahren gingen in die Untersuchung ein. 1978 veröffentlichten Clance und Imes ihre Ergebnisse in einem wissenschaftlichen Artikel mit dem Titel »The Impostor Phenomenon in High Achieving Women: Dynamics and Therapeutic Intervention« (Das Impostor-Phänomen bei erfolgreichen Frauen: Dynamiken und therapeutische Intervention). Seitdem konzentriert sich die Arbeit von Pauline Clance hauptsächlich auf das Impostor-Phänomen, das mit ihrem Namen untrennbar verbunden ist. 1985 gab Clance dann das Buch *The impostor phenomenon: overcoming the fear that haunts your success* heraus, das 1988 in deutscher Übersetzung unter dem Titel *Erfolgreiche Versager: das Hochstapler-Phänomen* erschien.

In den über vierzig Jahren seit dem Erscheinen des Artikels von Clance und Imes wurde viel zu diesem Thema geforscht. Lange war sich die Wissenschaft nicht sicher, was das Impostor-Phänomen überhaupt ist. Zunächst einmal ging es darum herauszufinden, ob es, wie es in der Psychologie heißt, ein eigenes Konstrukt ist oder ob die Beobachtungen von Clance und Imes zu anderen Konstrukten gehörten. In der Psychologie sucht man immer nach einer Möglichkeit, etwas zu messen, und alles, was auf irgendeine Art messbar ist, bezeichnet man als Konstrukt. Intelligenz ist zum Beispiel ein Konstrukt. Man kann es beschreiben und zum Beispiel mit einem IQ-Test erfassen.

Die Emotionen, Zuschreibungen und Affekte, die die Psychotherapeutinnen beschrieben hatten, klangen zunächst nicht nach etwas bahnbrechend Neuem. Manche hielten sie für Symptome von Depressionen oder für eine Ausprägung von Perfektionismus, für andere waren die einzelnen Charakteristiken des Impostor-Phänomens Facetten des Gesamtkomplexes Selbstwert. Für viele Wissenschaftler*innen klang die Beschreibung allerdings wie die Definition von Neurotizismus. Neurotizismus ist ein Persönlichkeitsmerkmal, das alle Personen mehr oder weniger stark ausgeprägt aufweisen und oft als emotionale Labilität bezeichnet wird. Typische Merkmale des Neurotizismus sind Ängstlichkeit, Unzufriedenheit sowie Neigung zu übermäßiger Besorgnis. Während man früher davon ausging, dass es bestimmte Persönlichkeitstypen gibt, tendiert man heute eher dazu, die Persönlichkeitsmerkmale (»personality traits«) in den Mittelpunkt zu stellen. Demnach gibt es verschiedene Persönlichkeitseigenschaften, die bei jedem Menschen angelegt sind. Wie stark oder schwach diese Eigenschaften ausgeprägt sind, bestimmt den Charakter des Menschen. Es gibt unterschiedliche Persönlichkeitsmodelle, um den Charakter eines Menschen zu beschreiben. Das Fünf-Faktor-Modell, das auch »Big Five« genannt wird, ist der bekannteste und gebräuchlichste Ansatz. Er wurde in unzähligen Studien getestet und gilt als das zuverlässigste Modell. Dabei wird die Persönlichkeit in fünf Aspekte oder Dimensionen unterteilt, deren Ausprägung man jeweils messen kann. Die fünf Dimensionen des Charakters sind: Extraversion (Wie gesellig und optimistisch bin ich?), Offenheit für neue Erfahrungen (Wie neugierig, interessiert, experimentierfreudig bin ich?), Verträglichkeit (Wie altruistisch, kooperativ, nachgiebig bin ich?), Gewissenhaftigkeit (Wie diszipliniert, leistungsbereit, zuverlässig bin ich?) und Neurotizismus (Wie emotional labil, ängstlich und traurig bin ich?). Neurotizismus bezeichnet also die Wahrscheinlichkeit, negative Emotionen zu empfinden. Dazu gehören Angst, Ärger und Wut. Insbesondere geht es aber um emotionale Labilität und Instabilität, also um die Tendenz, häufig niedergeschlagen und ängstlich zu sein. Die Wissenschaft stellt sich also zu Recht die Frage, ob es sich beim Impostor-Phänomen nur um eine Facette von Neurotizismus handle.

Mittlerweile konnten Studien belegen, dass das Impostor-Phänomen ein unabhängiges Konstrukt ist. Es weist zwar große Überschneidungen mit dem Neurotizismus auf, gilt jedoch als eigenständiges Phänomen. Menschen, die unter dem Impostor-Phänomen leiden, werden im Big-Five-Persönlichkeitstest bei Neurotizismus eher hoch abschneiden und eine stärkere Neigung zu emotionaler Labilität, Ängstlichkeit und Traurigkeit zeigen. Es wurden auch starke Zusammenhänge mit Depressivität, Introversion und Perfektionismus nachgewiesen. Diese Sicht ist aber nicht unumstritten. Es gibt durchaus auch Forscher*innen, die das Impostor-Phänomen nach wie vor als eine Kombination vieler kleiner Konstrukte (unvorteilhafter Attributionsstil, negativer Selbstwert, Angst vor Misserfolg, Angst vor Erfolg) halten.

Den ersten Versuch, ein Messinstrument für das Impostor-Phänomen zu erstellen, machte die US-Wissenschaftlerin Joan C. Harvey in ihrer Doktorarbeit im Jahr 1981. Die von ihr entwickelte »Harvey Impostor Phenomenon Scale« wurde jedoch als fehlerhaft kritisiert und konnte sich nicht durchsetzen. Auf der Basis der »Harvey Scale« entwickelte Pauline R.

Clance 1985 dann die »Clance Impostor Phenomenon Scale« (CIPS), mit der man bis heute den Grad des Impostorismus misst.

Das Ergebnis des Fragebogens zeigt, wie stark oder schwach die Impostor-Gefühle eines Menschen sind. Anhand von Indikatoren wie Sorgen, Selbstzweifel, Selbstbild und Umgang mit Erfolgserlebnissen erhält man einen Eindruck vom Ausmaß des vom Impostor-Phänomen betroffenen Individuums. Unter den zwanzig Punkten finden sich Fragen wie »Es fällt mir schwer, Komplimente oder Lob wegen meiner Intelligenz oder meiner Leistungen entgegenzunehmen« und »Ich fürchte oft, bei einer neuen Aufgabe oder Anforderungen zu versagen, obwohl mir im Allgemeinen gelingt, was ich versuche«. Auf einer Skala von 1 (nie) bis 5 (immer) schätzen sich die Testpersonen selbst ein. Die Ergebnisse zeigen, in welchem Bereich eine Person auf der Skala von »wenige IP-Eigenschaften vorhanden« bis »häufiges Auftreten intensiver IP-Gefühle« rangiert. Ab einem Wert von 62 Punkten und höher wird eine Person als Impostor-betroffen eingestuft.

Ein terminologischer Schlenker

Genauso verwirrend wie das Konstrukt ist auch dessen Bezeichnung. Das, was die Entdeckerinnen Pauline R. Clance und Suzanne A. Imes »impostor phenomenon« nannten, wird in deutschen Medien als »Hochstapler-Phänomen« und »Hochstapler-Syndrom« sowie »Impostor-Syndrom« wiedergegeben. In wissenschaftlichen Artikeln finden sich die englischen Begriffe »impostor phenomenon«, »impostorism« und

»impostor self-concept«, im Deutschen »Impostor-Phänomen«, »Impostorismus« und »Hochstapler-Selbstkonzept«.

In diesem Buch verwende ich die deutsch-englische Mischform »Impostor-Phänomen«. Der Begriff »Hochstapler-Phänomen« ist nämlich irreführend. Jedes Mal, wenn ich ihn erwähnt habe, dachte mein Gegenüber, ich beschäftige mich mit Menschen, die andere Identitäten annehmen, um sich einen Vorteil zu verschaffen. Mit Hochstaplern eben. Mit »Hochstapler-Phänomen« oder »Hochstapler-Syndrom« möchte niemand identifiziert werden. Der Begriff weckt dieselben Gefühle wie das »Münchhausen-Syndrom«. »Impostor-Phänomen« hingegen ist der in der Wissenschaft übliche Begriff, und nicht wenige deutsche Texte verwenden ihn.

»Impostor-Phänomen« versus »Impostor-Syndrom«

Auch wenn er oft verwendet wird: Der Begriff »Impostor-Syndrom« ist nach dem derzeitigen Wissensstand der Psychologie falsch. Syndrom bezeichnet eine Kombination von Krankheitssymptomen, die meist gleichzeitig und gemeinsam auftreten (altgriechisch: *syndromé* – das Zusammenlaufen, das Zusammenkommen). Ein Phänomen hingegen ist etwas, das auftritt und mit den Sinnen wahrnehmbar ist (altgriechisch: *fainómenon* – ein sich Zeigendes, ein Erscheinendes). Das Impostor-Phänomen ist keine psychische Krankheit – und somit kein Syndrom. Zwar kann ein Impostor-Phänomen Krankheitsfolgen nach sich ziehen, das psychologische Konstrukt selbst ist jedoch nicht klinisch relevant – weswegen sich die Wissenschaft mehrheitlich gegen das Wort »Syndrom« wendet. Impostor-Gefühle sollen nicht als krankhaft angesehen werden. Darum bestanden

Clance und Imes auf der Bezeichnung »Phänomen«. Den Grund nannte Pauline R. Clance Jahre später: »Ich wollte nicht noch einen weiteren Anlass dafür bieten, Frauen zu pathologisieren.«

Warum sagen dann viele trotzdem »Impostor-Syndrom«?

»Ich glaube, es ist irgendwie einfacher für die Leute, so darüber zu denken«, sagte Pauline R. Clance 2016, »sie wissen nicht recht, was Phänomen heißt.« Wer damit begonnen hat, das psychologische Konstrukt als »Syndrom« zu bezeichnen, kann nicht genau ermittelt werden. Einige behaupten, ein Syndrom lasse sich besser kommerzialisieren. Zur Verbreitung des Begriffs in der englischsprachigen Öffentlichkeit trug 2011 das Buch der amerikanischen Psychologin Valerie Young bei: *The Secret Thoughts of Successful Women: Why Capable People Suffer from the Impostor Syndrome and How to Thrive in Spite of It* (Die geheimen Gedanken von erfolgreichen Frauen: Warum fähige Menschen am Hochstapler-Syndrom leiden und wie man trotzdem Erfolg hat).

Im Deutschen tauchte der Ausdruck »Impostor-Syndrom« 1998 zum ersten Mal auf, überraschenderweise im Buch eines Wissenschaftlers. In einem Kapitel von *Führer, Narren und Hochstapler: Die Psychologie der Führung* beschrieb der niederländische Management-Professor Manfred F. R. Kets de Vries das »Hochstapler-Syndrom«. Spätestens seit die Facebook-Geschäftsführerin Sheryl Sandberg im Jahr 2013 das »impostor syndrome« in ihrem erfolgreichen feministischen Buch-Manifest *Lean In: Frauen und der Wille zum Erfolg* erwähnte, konnte man den Begriff in Zeitungen, Magazinen und Blogs sowie zahlreichen Videos finden. Deshalb nahm das

Oxford English Dictionary im April 2017 den Begriff »impostor syndrome« auf. Die Herausgeber erklären, dass der Begriff zwar inhaltlich falsch sei, aber umgangssprachlich verwendet werde, vor allem in den sozialen Medien.

Pauline R. Clance bereut übrigens ihre Namensgebung. In einem Interview zum Buch *Presence* (deutsch 2016: *Dein Körper spricht für dich: von innen wirken, überzeugen, ausstrahlen*) der Sozialpsychologin und Harvard-Professorin Amy Cuddy erzählte sie: »Wenn ich es noch einmal machen könnte, würde ich es Impostor-Erfahrung nennen, weil es kein Syndrom ist, kein Komplex und keine psychische Krankheit, sondern etwas, das jeder erlebt.«

Profilbild eines Phänomens: So sieht Impostorismus aus

Wir wissen bereits, dass sich das Impostor-Phänomen von verzerrter Wahrnehmung nährt. Man überschätzt das Können und die Eigenschaften anderer Menschen. Wenn sich von diesem Phänomen betroffene Menschen mit anderen vergleichen, schneiden sie selbst immer schlechter ab, egal in welchen Bereichen. Vier Faktoren spielen eine große Rolle in der Impostor-Erfahrung: FAKE, LUCK, DISCOUNT und FEAR.

FAKE ist der Bereich der Selbstzweifel und des Gefühls, Kompetenz vorzuspielen und andere glauben machen, man wäre besser, als man wirklich ist.

LUCK bezeichnet das Zurückführen des Erfolgs auf externe Faktoren wie Glück, Zufall oder übermäßig harte Arbeit anstatt auf eigene Fähigkeiten.

DISCOUNT ist das Herunterspielen der eigenen guten Leistungen und Erfolge vor anderen.

FEAR steht für die Angst, als Hochstapler*in entlarvt zu werden, aber auch für die Angst sowohl vor dem Scheitern als auch vor dem Erfolg, den man möglicherweise wieder erzielen muss.

Menschen reagieren unterschiedlich unter Einfluss des Impostor-Phänomens. Es gibt solche, die die Karriereleiter hinaufklettern oder hinaufgeschubst werden und immer in Angst leben, als Blender enttarnt zu werden. Und es gibt die Menschen, die das Gegenteil tun: Die sich von der Angst und den Selbstzweifeln so hemmen lassen, dass sie immer weit unter ihrem Potenzial bleiben. Grob unterscheidet man vom Impostor-Phänomen Betroffene in »Over-Doer« und »Under-Doer«. Beide Gruppen haben einen Hang zum Perfektionismus, nur die Ausprägungen dieser Self-Handicapping-Methode sind unterschiedlich. Perfektionismus galt in der Berufswelt lange Zeit als erstrebenswerte Eigenschaft, mittlerweile jedoch ist der Zusammenhang von Perfektionismus (im Gegensatz zu Gewissenhaftigkeit) und psychischen Krankheiten weitgehend wissenschaftlich belegt und die Gefahr perfektionistischen Handels für die körperliche und seelische Gesundheit allgemein bekannt.

Over-Doer

Die Taktik: Over-Doer, also »Übertreiber« sind diejenigen, die immer übervorbereitet sind. Sie strengen sich extrem an, haben alle relevanten Informationen gelesen, extensive Recherche betrieben und sind ihre Präsentation etwa zwanzigmal durchgegangen. Der Perfektionismus-Quotient schlägt bei Over-Doern enorm aus. Viele Studien wiesen bereits eine hohe Korrelation zwischen perfektionistischem Verhalten und dem Impostor-Phänomen nach. Overdoer bereiten sich auf alle Eventualitäten vor, checken alles fünfmal, auch das, was andere gemacht haben. Sie sind die Ersten, die kommen, und die Letzten, die gehen. Sie übertreiben es aber auch in anderer Weise: Sie sagen zu allem Ja, nehmen jede Aufgabe an, denn nach ihrer Logik wäre ein Nein das Eingeständnis, den Job nicht zu schaffen, und ein Hinweis darauf, dass ihr Chef einen Hochstapler eingestellt hat.

Das Ziel: Durch obsessive Vorbereitung die Gefahr, entdeckt zu werden, mindern.

Die Logik dahinter: Sie machen durch Fleißarbeit und extreme Vorbereitung alles wett, was sie an Fähigkeit, Intelligenz und Kompetenz nicht zu haben glauben. Durch den krassen Einsatz minimieren sie die Gefahr, entlarvt zu werden. Permanente Geschäftigkeit wird ja auch in vielen Bereichen der Berufswelt immer noch für Produktivität gehalten und Selbstausbeutung für Engagement und Loyalität. Den Erfolg schreiben Over-Doer dann entweder ihrer immens harten Arbeit oder anderen Faktoren zu, etwaigen Misserfolg dem eigenen Unvermögen.

Die Gefahren: Überanstrengung, großer Leistungsdruck, viel zu viel Arbeit, wenig Freizeit, eingeschränktes Privatleben, wenig soziale Kontakte, Arbeit nach Plan, keine Freiheit, keine Kreativität. Die besten Ideen entstehen oft woanders, aber sogar wenn sie welche haben, haben die Over-Doer Angst, diese vorzutragen. Sie haben keinen Raum zum Querdenken, sind unflexibel und haben eine ineffektive Arbeitsweise, übernehmen sich, fallen dann vielleicht länger aus, eine Aufgabe bleibt länger liegen, als sie sollte, oder sie sind tatsächlich nicht die Richtigen für das Projekt, nicht offen für neue Wege.

Under-Doer

Die Taktik: Die Under-Doer werden auch oft als »Procrastinators«, als Prokrastinator*innen beziehungsweise Aufschieber*innen« bezeichnet. Under-Doer sabotieren sich selbst. Auch dieses Verhalten steht in Zusammenhang mit Perfektionismus. Under-Doer schaffen Szenarien, in denen es gar nicht möglich ist, eine gute Leistung zu erbringen, geschweige denn eine perfekte. Wenn es dann doch gelingt, haben sie umso mehr Grund, beispielsweise Glück für ihren Erfolg verantwortlich zu machen. Und wenn sie scheitern, sind sie nicht komplett selbst schuld. Under-Doer sind die, die am Abend vor der Klausur noch auf ein Bier gehen und dann abstürzen. Sie halten Deadlines oft nicht ein, versäumen auch mal Meetings und bereiten sich schlecht vor. Sie fangen immer erst so spät mit der Arbeit an einem Projekt an, dass es eigentlich fast nicht mehr zu schaffen ist, zumindest nicht in guter Qualität. Dann arbeiten sie die Nächte durch, um es noch rechtzeitig fertig zu bekommen. Auch dieses Verhalten fällt unter »self-handicapping behavior«.

Das Ziel: Durch Aufschieben die Verantwortung für das Ergebnis von sich weisen.

Die Logik dahinter: Durch offensichtliches Falschverhalten von vermeintlichem Mangel an Intelligenz und Fähigkeit abzulenken bei unbedingter Vermeidung der Bestätigung dieses vermuteten Mangels: Wenn ich es nicht richtig versuche, kann ich auch nicht richtig scheitern.

Die Gefahren: Frust, Stress, Phasen der völligen Selbstaufgabe mit Schlaflosigkeit, Panikattacken, berufliche Probleme durch Unzuverlässigkeit, schwierige Zusammenarbeit, Unberechenbarkeit, immer unter dem eigenen Potenzial bleiben.

Einige Studien geben einen Hinweis darauf, dass IP-Menschen eher zu prokrastinierenden Verhaltensweisen neigen, allerdings wurden die Studien hauptsächlich mit Student*innen durchgeführt, insofern weiß man wenig über die Entwicklung des Verhaltens im Laufe der Karriere. Dennoch ist der Befund interessant, denn in der allgemeinen Berichterstattung über das Impostor-Phänomen entsteht der Eindruck, nur übererfolgreiche Menschen seien davon betroffen. Vielleicht sind sie aber nur sichtbarer, weil die Under-Doer stets unter ihren Fähigkeiten bleiben und der Erfolg nicht im selben Maße gegeben ist.

»Es ist kompliziert«: Statusmeldungen aus dem Gender-Feed

1978, in ihrer ersten wissenschaftlichen Veröffentlichung zu diesem Thema charakterisierten die Psychologinnen Pauline R. Clance und Suzanne A. Imes das Impostor-Phänomen als eine Erfahrung, die »scheinbar in einer ausgewählten Gruppe leistungsstarker Frauen besonders häufig und intensiv vorkommt«. Darin beschrieben sie folgendes Paradox: »Trotz herausragender akademischer oder beruflicher Leistungen beharren Frauen, die das Impostor-Phänomen durchleben, auf ihrer Überzeugung, dass sie in Wirklichkeit nicht intelligent seien und dass sie all jene getäuscht haben, die denken, sie wären es.«

Das seltsame Verhalten von Frauen im Arbeitskontext hatte in der Wissenschaft schon Jahre zuvor für Verwirrung gesorgt. Zu Beginn der 1960er-Jahre zum Beispiel stand eine Gruppe von Psycholog*innen der Universität von Michigan ratlos vor den Ergebnissen einer Studie zu Leistungsmotivation. Die Daten der männlichen Testpersonen von Werten wie Leistungsdrang und Risikobereitschaft führten zu dem Ergebnis, dass Männer mit hoher Leistungsmotivation erfolgreicher waren. Fütterte das Team die gleichen Berechnungen mit den Daten der weiblichen Testpersonen, machte nichts mehr Sinn. Ihre Leistungsmotivation schien keine Auswirkung auf ihren Erfolg zu haben. Während hochmotivierte Männer jede Gelegenheit nutzten, um sich zu beweisen, was in der Summe meist zum Erfolg führte, war bei Frauen das Gegenteil der Fall. Egal wie hoch die Leistungsmotivation war – das Leistungsverhalten veränderte sich nicht. Die Wissenschaftler*innen konnten sich das nicht erklären. Sie stellten neue Tests an, mit Erwachsenen und Kindern. Sie veränderten die Bedingungen, trennten weibliche und männliche Testpersonen während des Experiments, führten die Versuche in privaten Räumen durch, aber egal, was sie taten, die Ergebnisse blieben konstant: Frauen waren hochmotiviert, mieden jedoch Leistungssituationen. Die führenden Forscher der Gruppe folgerten, dass die Erklärung dafür nicht in der Psychologie zu finden sei, sondern im gesellschaftlichen Umfeld. Soziale und kulturelle Dynamiken würden die leistungsbezogenen Gefühle beeinträchtigen.

Einer jungen Wissenschaftlerin aus dem Team war das zu wenig. Matina Horner forschte weiter und formulierte 1962 erstmals das Konzept »fear of success«. Horner zufolge haben Frauen eine Aversion gegen Erfolg, vor allem in bestimmten Berufsfeldern, weil sie von klein auf lernen, dass Erfolg von Frauen nicht den gesellschaftlichen Normen entspricht. Er katapultiere sie in ungewohnte Konkurrenzsituationen mit Männern, durch Erfolg wichen Frauen von der Norm ab und befürchteten negative Konsequenzen, zum Beispiel dass ihr soziales Umfeld sie ausgrenze oder sie für Männer unattraktiv würden. Diese Angst führe dazu, dass sie bewusst oder unbewusst Erfolg vermieden. Horner promovierte über dieses Thema, die Rezeption und das Selbstbild von Frauen blieben im Fokus ihres wissenschaftlichen Interesses. Horners Theorie wird bis heute kontrovers diskutiert und sowohl strukturell als auch inhaltlich stark kritisiert. Die Interpretation ihrer Forschungsdaten wurde als unschlüssig bezeichnet, es wurde bemängelt, dass sie die Erfolgsangst auf Frauen beschränke, obwohl die Angst vor Erfolg bei Männern schon seit Freud beobachtet würde. Viele Kontrollstudien konnten Matina Horners Ergebnisse nicht bestätigen. »Fear of success« wurde trotzdem zu einem populären und weitverbreiteten Konzept. »Angst vor Erfolg ist nicht neurotisch«, sagte Horner 1976 in einem Interview mit dem Magazin *People*. »Es ist eine realistische Einschätzung dessen, was uns die Gesellschaft beigebracht und wie die Gesellschaft auf Frauen reagiert hat.«

Ein paar Jahre lang beschäftigte sich die amerikanische Sozialpsychologin Kay Deaux mit den Begründungen von Erfolg im Hinblick auf das Geschlecht. Attributionstheorie war gerade angesagt, und mit der anrollenden zweiten Welle des Feminismus zeichnete sich ein Trend zu genderspezifischer Forschung ab. Eigene Studien und die Ergebnisse verschiedener anderer Untersuchungen zur Ursachenzuschreibung brachten sie und ihre Kolleginnen zu folgender Erkenntnis: Die Gesellschaft geht davon aus, dass Männer Erfolg haben und Frauen scheitern. Dass umgekehrt Männer scheitern und Frauen Erfolg haben, erwartet man nicht. Hat ein Mann Erfolg, wird das seinen Fähigkeiten zugeschrieben – der Grund liegt also in ihm selbst. Wenn eine Frau Erfolg hat, wird das mit Glück oder großem Fleiß erklärt. Ihr Scheitern wird jedoch auf ihre (mangelnden) Fähigkeiten zurückgeführt, während ein Mann nur scheitert, weil er faul ist oder Pech gehabt hat. Das war Anfang der 1970er-Jahre die allgemeine gesellschaftliche Überzeugung. Andere Studien zeigten, dass Menschen dazu neigen, ein Resultat, das sie erwartet haben, einer stabilen Eigenschaft wie einer Fähigkeit zuzuschreiben. Bei einem überraschenden Ausgang machen sie dafür eine kurzfristige, vorübergehende Ursache wie Glück, Zufall oder harte Arbeit verantwortlich.

Die Theorien von Kay Deaux, Matina Horner und anderen Frauen boten Pauline R. Clance und Suzanne A. Imes eine Erklärungsgrundlage dafür, warum sie das Impostor-Phänomen überwiegend bei Frauen beobachtet hatten. Die vertretene These lautete: Die Frauen haben die Stereotype und Überzeugungen derart verinnerlicht, dass sie selbst glauben, sie seien inkompetent. Erfolg widerspricht also sowohl ihren eigenen Erwartungen als auch denen der Gesellschaft. Wenn Frauen erfolgreich sind, so Clance und Imes, »ist es nicht überraschend, dass sie für ihre Leistungen eine andere Erklärung benötigen als ihre Intelligenz – zum Beispiel die, dass sie allen etwas vorspielen«.

Die Frau verfängt sich Clance und Imes zufolge in Widersprüchen. Auf der einen Seite ist sie bewusst oder unbewusst überzeugt, dass ›Frauen eigentlich keinen Erfolg haben‹, und aus eigener Erfahrung weiß sie: ›Haben Frauen Erfolg, gibt es negative Konsequenzen‹ wie beispielsweise die Angst, die sich daraufhin einstellt, die mit dem Erfolg verbundenen Erwartungen nicht zu erfüllen. Dem gegenüber steht die genuine Begeisterung für ein Thema, der Wunsch, im Beruf gut oder gar erfolgreich zu sein, und die Realität, wenn dieser Erfolg tatsächlich eintritt.

Solch unangenehme Zustände der gefühlten Unvereinbarkeit bezeichnet man als kognitive Dissonanz. Und die halten wir Menschen nicht lange aus. Können wir die Situation nicht klären, erfindet unser Gehirn einfach eine Lösung, indem es eine Interpretation findet oder sich eine Argumentation zurechtlegt. »Sich selbst als intellektuelle Hochstaplerin zu sehen, erlaubt der Frau womöglich, ihren Ehrgeiz und ihre Erfolgsorientierung auszuleben und gleichzeitig ihre Angst vor den negativen Auswirkungen zu lindern, die sie als erfolgreiche Frau in unserer Gesellschaft befürchten muss.« Indem eine Frau ihren Erfolg als Glückssache beschreibt und ihn abtut, entspricht sie dem Stereotyp und vermittelt: Ich bin keine Bedrohung, ich bin immer noch weiblich, man kann trotzdem Freundschaft mit mir schließen oder mich heiraten. Das Gehirn trickst also gleichzeitig sich selbst und alle anderen aus.

Das Problem bei diesem Verhalten: Die Person ist nicht authentisch. Ihr Handeln stimmt nicht überein mit ihrem »wahren« Selbst, sie kann sich nicht so geben, wie sie ist. Das würde bedeuten, dass die von Clance und Imes beschriebenen Frauen tatsächlich Betrügerinnen sind und sich demnach zurecht als solche fühlen. Zu diesem Schluss kommen die Psychologinnen aber nicht. Ihre Ur-Theorie basierten sie auf den damals gängigen Erklärungsmodellen zum Verhalten von Frauen im Leistungskontext – und augenscheinlich auch auf internalisierten Konzepten von Weiblichkeit und Männlichkeit. Da passten vielleicht Frauen, die bewusst oder unbewusst faken, ebenso wenig hinein wie Männer, die Selbstzweifel haben.

Auf der ersten Seite des wissenschaftlichen Papiers von Clance und Imes findet sich, recht prominent in einem seitenbreiten Kasten, eine Anmerkung der Autorinnen: »Es kam die Frage auf, ob Männer dieses Phänomen erleben oder nicht. In der klinischen Praxis haben wir beobachtet, dass das Phänomen bei Männern viel seltener auftritt, und wenn es auftritt, ist es viel schwächer. Von männlichen Kollegen, die wir zurate gezogen haben, bekamen wir unterschiedliche Auskünfte. Die weiter unten zusammengefassten Erkenntnisse aus der Attributionsforschung lassen darauf schließen, dass man das Impostor-Phänomen seltener bei Männern als bei Frauen findet. Wir haben das Phänomen bei Männern festgestellt, die stärker in Kontakt zu ihren ›femininen‹ Eigenschaften stehen. Diese klinische Beobachtung bedarf der Erforschung.«

Schon ein Jahr später publizierte Suzanne A. Imes eine neue Untersuchung zum Impostor-Phänomen, die keinen Unterschied zwischen den Geschlechtern feststellte. In den Folgejahren wurde jährlich mindestens eine neue Studie veröffentlicht, in der das Impostor-Phänomen genauso häufig bei Männern erkannt wurde wie bei Frauen. Gelegentlich gab es sogar Untersuchungen, die nachwiesen, dass Männer stärker davon betroffen waren als die Frauen. Pauline R. Clance selbst revidierte bald nach ihrer ersten Veröffentlichung ihre ursprüngliche These und stellte im Laufe der Jahre sowohl im Rahmen von neuen Studien und wissenschaftlichen Artikeln als auch in Interviews immer wieder klar, dass es hinsichtlich des Impostor-Phänomens keine geschlechtsspezifischen Unterschiede gibt. Das bestätigt auch ein Großteil der Studien zu diesem Thema.

Aber so einfach ist das nicht, vor allem nicht in der Psychologie, einer Wissenschaft, die mittels Empirie nicht alle psychologischen Phänomene erfassen kann. Immer wieder wurde in Studien dokumentiert, dass Frauen höhere Impostor-Werte aufwiesen. Manche vermuten, das hänge mit den Stichproben, dem Wohnort sowie der Altersstruktur zusammen. In der Psychologie bezieht man Proband*innen für Studien gern aus der eigenen Universität, oft sogar aus der eigenen Fakultät. In Deutschland müssen Psychologiestudent*innen sogar Versuchspersonenstunden sammeln, das heißt, sie müssen ohnehin bei Studien mitmachen. In vielen Stichproben ist die Anzahl der männlichen Testpersonen erheblich geringer als die der weiblichen, was die Validität des Männer-Werts verringert. Allerdings ist das auch bei vielen Studien der Fall, die keine Unterschiede festgestellt haben.

Einen Sonderfall stellen akademische Karrieren dar. Bei Studien mit Doktorand*innen, Assistenzprofessor*innen oder anderen universitären Berufen sind die Zahlen konsistenter, sie zeigen, dass Frauen häufiger stärkere Impostor-Gefühle empfinden als Männer. Warum gerade im Hochschulkontext der Unterschied so deutlich zutage tritt, wird von verschiedenen Faktoren bestimmt. Als Gründe werden die unterschiedliche Sozialisation von Mädchen und Jungen genannt sowie der

»stereotype threat«, die Bedrohung durch Stereotype. Das ist die Angst, mit seinem Verhalten die negativen Stereotype über die eigene soziale Gruppe zu bestätigen. In diesem Fall befürchten also Frauen, das stereotype Frauenbild zu bestätigen. Diese Angst jedoch lähmt und beeinflusst so sehr, dass es zur selbsterfüllenden Prophezeiung kommt und zum Beispiel tatsächlich die Leistung mindert. Ebenso macht man die hohen gesellschaftlichen Erwartungen an Wissenschaftler*innen, die begrenzten Möglichkeiten, sich zu vernetzen, und die fehlenden Rollenbilder in akademischen Spitzenpositionen dafür verantwortlich.

Geschlechterstereotype in der Bildungssozialisation sind das Fachgebiet von Marlene Kollmayer. Sie ist wissenschaftliche Mitarbeiterin am Institut für Bildungspsychologie in Wien und geht dort der Frage nach, wie Geschlechterstereotype dazu beitragen, dass Ungleichheiten in Beruf, Bildung und Bildungskarrieren aufrechterhalten werden. Bei den Studien, die sie und ihre Kolleg*innen durchgeführt haben, stellten sie stärkere Impostor-Phänomen-Werte bei Frauen fest. Lediglich bei einer Studie waren die Geschlechtseffekte nicht sehr stark – das war die einzige Studie, die nicht im akademischen Bereich stattfand und bei der man Führungskräfte aus Wirtschaft und Non-Profit-Organisationen getestet hatte. Für Kollmayer sind die herrschenden Geschlechterstereotype einer der Hauptgründe, warum Frauen stärker vom Impostor-Phänomen betroffen sind. Für diese These spricht, dass bei ihren Untersuchungen und denen anderer Forscher*innen die Unterschiede der Impostor-Phänomen-Werte zwischen Frauen und Männern oft kleiner sind als die Unterschiede dieser Werte zwischen Personen mit weiblicher und männlicher Geschlechtsrollenorientierung (GRO), also das, was Mirjam Zanchetta als Geschlechtsschema bezeichnet.

Ein kleiner geschlechtlicher Schlenker: Die Wissenschaft unterscheidet zwischen dem biologischen, dem sozialen und dem psychologischen Geschlecht. Sehr vereinfacht gesagt ergibt sich biologisches Geschlecht aus physischen und genetischen Eigenschaften, soziales Geschlecht ist die gesellschaftliche Definition von Geschlechtern und deren Eigenschaften, und psychologisches Geschlecht ist das Geschlechtsrollenselbstkonzept eines Menschen. Das hängt natürlich alles zusammen und beeinflusst sich gegenseitig. Die Geschlechtsrollenorientierung gibt Auskunft über das psychologische Geschlecht, also darüber, wo sich eine Person auf der Geschlechterstereotypen-Skala einordnet. Das kann man mit Eigenschaftslisten herausfinden, auf denen Testpersonen ihre Selbsteinschätzung ankreuzen. Zur Auswahl stehen gleich viele stereotyp weibliche und stereotyp männliche Eigenschaften, entweder als Adjektive oder in Sätze verpackt. Als stereotyp weiblich gelten zum Beispiel fürsorglich, emotional, passiv und sozial; als stereotyp männlich werden Attribute wie ehrgeizig, zielstrebig, bestimmt und durchsetzungsfähig angesehen. Personen, die sich selbst eher als stereotyp weiblich beschreiben, haben eine weibliche Geschlechtsrollenorientierung, und es ist nicht von der Hand zu weisen, dass viel mehr Frauen eine weiblichere Geschlechtsrollenorientierung haben als Männer. Aber es gibt durchaus Frauen, die sich als eher männlich beschreiben, und umgekehrt. Personen, die weder die eine noch die andere Geschlechtsrollenorientierung für sich reklamieren, bezeichnet man als »die Undifferenzierten«. Und dann gibt es »die Androgynen«, die sowohl männliche als auch weibliche Eigenschaften in sich vereinigen.

In ihrer Studie mit leistungsstarken Erstsemestern fanden Marlene Kollmayer und ihre Kolleginnen Alexandra Patzak und Barbara Schober höhere Impostor-Phänomen-Werte bei Frauen sowie bei Personen mit weiblicher und undifferenzierter Geschlechtsrollenorientierung. Niedrigere Werte hatten Männer sowie Personen mit männlicher und androgyner Geschlechtsrollenorientierung. Wenn also der Zusammenhang von psychologischem Geschlecht und Impostor-Phänomen-Wert höher ist als der des biologischen Geschlechts, kann man daraus folgern, dass Geschlechtsrollenstereotype das Impostor-Phänomen bedingen – oder zumindest verschärfen. »Meiner Ansicht nach hängt es sehr stark damit zusammen, wie Geschlechterstereotype funktionieren«, sagt die Bildungspsychologin Marlene Kollmayer. »Das Problem ist, dass eine Geschlechtskategorie tendenziell immer die andere ausschließt. Genauso ist es bei Eigenschaften. Geschlechterstereotype sind die Eigenschaften, die man einem Geschlecht zuschreibt. Die Stereotype funktionieren also so, dass man denkt: ›Wenn ich fürsorglich, sozial und emotional bin, dann kann ich nicht gleichzeitig kompetent, unabhängig und stark sein.‹ Denn im Kopf sind das zwei Pole, die nur schwer vereinbar sind.«

Liegt es vielleicht an diesen zwei Polen in unseren Köpfen, warum sich der Glaube, das Impostor-Phänomen sei frauenspezifisch, seit über vierzig Jahren so hartnäckig hält, obwohl der Großteil der Studien dagegen spricht? Warum gibt es weit über eine Million Google-Einträge zu diesem Thema, warum befassen sich jedoch nur gefühlte 27 speziell mit der Auswirkung auf Männer und gefühlte 649 293 mit den Folgen für Frauen?

»Ich glaube, es passt zu dem Klischee, das wir über die Sozialisation von Mädchen und Frauen haben.« Die Organisationspsychologin Myriam Bechtoldt beschäftigt sich im Zuge ihrer Forschung zu arbeitsspezifischen Themen mit dem Impostor-Phänomen im Management. Ihre Forschung dreht sich um soziale Interaktion am Arbeitsplatz, sie interessiert sich unter anderem für die Themen Stress und Gesundheit im Job, Gefühle und soziale Kompetenz im Berufskontext und »Gender & Career«. Als Professorin für Leadership an der EBS Universität für Wirtschaft und Recht in Wiesbaden hält sie oft Vorträge, auch über das Impostor-Phänomen. »Danach kamen auch Männer auf mich zu und haben mir erklärt, dass sie sich ertappt fühlen. Dass sie das Gefühl hatten, es gehe tatsächlich um sie. Und das waren teilweise wirklich hochrangige Leute, zum Beispiel ein Geschäftsführer, der sagte: ›Na ja, ich bin dann mal rausgegangen bei Ihrem Vortrag, ich hatte das Gefühl, es geht um mich.‹ Männer reden eher privat über ihre Selbstzweifel, aber nicht öffentlich.« Es ist eine gängige Erklärung: Männer tun sich schwer, über Gefühle zu reden oder Schwäche zu zeigen, zumal mit Fremden. »Das ist so ein Befund, den man immer wieder hat, wenn es darum geht, die Prävalenz von psychischen Störungen festzustellen. Dann findet man häufig, dass Frauen einfach sehr viel bereitwilliger über ihre Probleme Auskunft geben als Männer. Das heißt aber nicht, dass Männer keine Probleme haben, sondern dass sie versuchen, sie anders zu bewältigen, im Zweifel auch mit dysfunktionalen Strategien wie Trinken.«

Die Männer, die nicht sprechen, still leiden und zur Flasche greifen. Die Frauen, die leiden, sich nichts zutrauen und öffentlich über ihre Gefühle und Gebrechen reden. Es passt einfach alles so gut. Man darf nie vergessen, welche Macht implizite Vorurteile haben. Sie wirken im Unterbewusstsein, und sogar Menschen, die denken, sie wären emanzipiert, handeln nach einem überholten Frauenbild, wenn sie unbewusst handeln. Jeder Mensch hegt implizite Vorurteile, auch gegen das eigene Geschlecht. Hinzu kommt, dass Menschen einen Hang dazu haben, Informationen so auszuwählen und zu interpretieren, dass sie die eigenen Erwartungen erfüllen, also ihr Weltbild bestätigen. Die Psychologie nennt das »Bestätigungstendenz« oder »Bestätigungsfehler«: Wir merken uns bestätigende Informationen besser, bewerten sie höher und meiden eher Informationen, die unseren Ansichten widersprechen. Die Idee, dass Frauen stärker vom Impostor-Phänomen betroffen sind, macht in gewisser Weise Sinn, denn sie bestätigt viele implizite Vorurteile, Stereotypen und Glaubenssätze, die sich unbewusst durch unser Leben ziehen.

Als 2011 Valerie Youngs Buch *The Secret Thoughts of Successful Women: Why Capable People Suffer from the Impostor Syndrome and How to Thrive in Spite of It* erschien, veröffentlichte ihr Verlag auf Amazon unter dem Buch ein Interview mit der Psychologin: »Anfangs dachten die Psychologinnen und Psychologen, es wäre etwas, das hauptsächlich Frauen erleben. Das hat sich aber als falsch herausgestellt. Immer mehr Männer besuchen meine Seminare und unter den Studierenden sind die Werte fifty-fifty verteilt. [...] Letztendlich gab es für mich mehr Gründe, mich auf Frauen zu konzentrieren. Erstens, weil ich mich in meiner Doktorarbeit speziell auf Frauen fokussiert habe. Zweitens kommen 80 Prozent der Anfragen für Vorträge von Frauen und sind für Vorträge für ihre weiblichen Angestellten oder Studierenden. Zudem richtet sich das

Buch an Frauen, weil sie eher von chronischen Selbstzweifeln zurückgehalten werden.« Die Idee ließ sich hervorragend vermarkten. Das Buch wurde in fünf Sprachen übersetzt, die Autorin sprach auf Konferenzen, veranstaltete Workshops in Firmen und Ausbildungsinstituten, wurde zu Talkshows eingeladen und von zahlreichen Print- und Online-Medien über das Impostor-Phänomen interviewt. Mit ihrem Buch begann der Hype um das Impostor-Phänomen.

Auf der TED-Konferenz in Edinburgh im Juni 2012 sprach die Sozialpsychologin und damalige Harvard-Dozentin Dr. Amy Cuddy über ihre Forschung zu »Power-Posing«. In einer Studie hatten sie und ihre Kollegin nachgewiesen, dass bestimmte Körperhaltungen den Hormonhaushalt beeinflussen und dadurch positiv auf das Selbstbewusstsein wirken. Zwei Minuten dastehen wie Wonder Woman, und schon fühlt man sich wie Wonder Woman, so die Idee, die Amy Cuddy international bekannt machte. Sie war die Wonder Woman der Wissenschaft, Medien und Publikum liebten sie und ihre Power-Posen gleichermaßen. In ihrer Rede »Your body language may shape who you are« offenbarte sie, dass sie lange unter dem Impostor-Phänomen gelitten hatte. Als 19-jährige Studentin erlebte sie einen schlimmen Autounfall, bei dem ihr Kopf so schwer verletzt wurde, dass ihr IQ sank und die Ärzt*innen der Ansicht waren, sie würde ihre volle Gehirnkapazität nicht wiedererlangen und ihr Grundstudium nicht abschließen können. Entgegen allen Erwartungen kämpfte Cuddy sich durch die Zwischenprüfung, wechselte an die renommierte Princeton University, dann nach Harvard, eine weitere Ivy-League-Universität, um dort ihren Doktor in Psychologie zu machen – und fühlte sich die ganze Zeit wie eine Hochstaplerin, die dort eigentlich fehl am Platz war. Ihre Mentorin sagte ihr, sie müsse einfach so tun, als ob sie es könne, es also tatsächlich »faken«. Das tat Cuddy und machte weiter, hielt Vorträge, für die sie ihrer Meinung nach nicht kompetent genug war, forschte zu Stereotypen und über den Zusammenhang von Körperhaltung und Selbstbewusstsein, gab Vorlesungen und Seminare. Ein Jahr später offenbarte ihr eine ihrer Studentinnen in der Sprechstunde, dass sie das Gefühl hatte, gar nicht hierherzugehören. Cuddy reagierte so, wie ihre Mentorin damals reagiert hatte, und riet der Studentin, sie solle es einfach »faken«, was diese erfolgreich umsetzte.

Während Cuddy diese Geschichte erzählt, steht sie auf einer riesigen leeren Bühne, diese zierliche blonde Frau. Zwischendurch schnürt sich ihr die Kehle zu, und ihre Stimme fängt an zu zittern. Zweimal muss sie kurz innehalten, um nicht zu weinen. Aber es wirkt nicht gestellt. Sie fängt sich schnell und macht diszipliniert weiter, so wie sie vermutlich auch durch die vier Extrajahre Grundstudium gegangen ist. Nach 21 Minuten ist ihre Botschaft: »Fake it, until you become it«, Tu so als ob, bis du es geworden bist. Dabei helfen Power-Posen. Alles wird gut. Die Rede ist unprätentiös und anrührend, Amy Cuddy wirkt sympathisch und authentisch. Es ist der zweitbeliebteste Vortrag in der TED-Talk-Geschichte. Fast 44 Millionen Mal wurde das Video angeschaut. In der Folge bekommt die Psychologin Tausende E-Mails von Menschen, die sich in ihrer Impostor-Erzählung wiedererkannt haben – und einen Buchvertrag.

Ein Jahr später erschien Sheryl Sandbergs Buch *Lean In: Frauen und der Wille zum Erfolg*. Auch dieses Buch entstand aus einem TED-Talk. Die Gründe für den Mangel an weiblichen Führungskräften, liegen Sandberg zufolge an gesellschaftlichen Bedingungen, aber auch bei den Frauen, die sich, was die Karriere anbelangt, selbst zurückhalten. In ihrem Buch forderte Sandberg die Frauen auf, ihre »inneren Barrieren« zu überwinden, dann würde es auch mit der Karriere bergauf gehen. Das Impostor-Phänomen zählte Sandberg zu diesen Blockaden, sie habe selbst darunter gelitten und bisweilen immer noch das Gefühl, dem Job nicht gewachsen zu sein. Das Buch erntete viel Kritik: Die Autorin würde damit den Frauen die Schuld an der Situation geben statt den patriarchalen Strukturen und den gesellschaftlichen Vorurteilen. Damit mache sie es sich einfach und zementiere die Zustände, die dazu geführt hätten, dass es zu wenige weibliche Führungskräfte gebe. Doch Sheryl Sandberg zeigte sich davon unbeeindruckt und gründete die »Lean In Foundation«, die sich der Förderung von Frauen im Beruf verschrieb. Das Buch wurde zum internationalen Bestseller und verhalf dem Begriff »Impostor-Phänomen« zum Durchbruch. »Männer fühlen sich auch wie Schwindler, das betrifft nicht nur Frauen. Aber das Impostor-Syndrom, wie es genannt wird, kommt viel häufiger bei Frauen vor.«

Das drei Jahre später erschienene Buch *Presence* (deutsch 2016: *Dein Körper spricht für dich: von innen wirken, überzeugen, ausstrahlen*) von Amy Cuddy beschäftigt sich mit dem Phänomen. Basierend auf ihrem TED-Talk ist es ein Destillat aus der eigenen Forschung zur Körpersprache, aus wissenschaftlichen Studien von Kolleg*innen, Interviews mit Berühmtheiten und Anekdoten aus dem Leben von einigen der Tausenden von Menschen, die Cuddy damals nach ihrer Rede gemailt, getwittert und geschrieben oder sie nach einem ihrer zahlreichen Auftritte angesprochen hatten. Das vierte Kapitel ist dem Hochstapler-Selbstkonzept gewidmet. Cuddy interviewte dafür die Patin des Impostor-Phänomens, Pauline R. Clance. Warum das Impostor-Phänomen immer noch als Frauenproblem gelte, wollte Cuddy wissen, die selbst bis zu ihrem Talk dachte, das Phänomen betreffe vor allem Frauen. Danach sei sie mit Nachrichten der Impostor-Betroffenen überschüttet worden, schreibt sie – und die Hälfte davon waren Männer. Die beiden Psychologinnen vermuten: Vielleicht seien Frauen einfach besser darin, die eigenen Gefühle zu identifizieren. Oder Männer kommunizierten ihre Gefühle nicht, aus Angst vor dem »stereotype backlash«, der sozialen oder wirtschaftlichen Bestrafung, wenn sich Personen nicht gemäß ihrer Stereotype – in diesem Fall der Geschlechtsstereotype – verhielten. Verhandelt eine Frau beispielsweise knallhart und selbstbewusst um mehr Gehalt, kann sie davon ausgehen, dass danach niemand mehr gern mit ihr zusammenarbeiten möchte. Das wurde in mehreren Studien nachgewiesen. Männer werden dagegen verhöhnt und ausgegrenzt, wenn sie Schwäche oder Gefühle wie Angst zeigen (»Was bist du denn für ne Pussy!«). Clance und Cuddy einigen sich darauf, dass der drohende »backlash« dafür verantwortlich ist, dass die Männer sich nicht als Betroffene offenbaren. »Es belastet sie vielleicht sogar mehr, weil sie mit niemandem darüber reden können«, sagt Cuddy. Männer ertragen die Pein schweigend – Frauen schreiben Artikel, in denen sie von ihrem Problem erzählen, und lesen Artikel, wie sie dieses Problem beheben können.

Nach Ansicht von Amy Cuddy ging das zum Beispiel durch Präsenz, Ausstrahlung und Power-Posen. Doch vier Monate vor der Veröffentlichung von *Presence* stellte sich heraus, dass das so nicht stimmte. Andere Forscher*innen hatten versucht, die Studie von Cuddy und ihrer Kollegin zu replizieren – ohne Erfolg. Was dann kam, nannten nicht wenige eine »Hexenjagd«. Die Psychologin wurde von Kolleg*innen, Medien und der Öffentlichkeit fertiggemacht. Jedoch nicht von allen, denn im Zuge der Replikationskrise der Wissenschaft hatte es viele getroffen. Ein großes Forschungsteam hatte 100 Psychologiestudien wiederholt. In 64 Prozent der Fälle kamen sie nicht auf dieselben Ergebnisse. Wobei das im Einzelfall nicht heißen muss, dass die Originalstudie falsch ist. Und sogar wenn: Das ist der wissenschaftliche Prozess; Kritik ist üblich und wichtig, und normalerweise ist das kein Problem. In Amy Cuddys Fall sind viele Dinge zusammengekommen – die Wissenschaftskrise, ihr großer Erfolg mit diesem Konzept, ihre Bekanntheit, manche sagen auch: ihr Geschlecht, ihre Forschung zu Stereotypen, ihr Feminismus –, und es eskalierte. Für die amerikanische Forscherin sind alle Impostor-Ängste wahr geworden. Es ist eine Ironie der Geschichte, dass gerade Amy Cuddy herausgegriffen wurde. Dass man gerade ihr Betrug vorwarf und man Inkompetenz unterstellte. Dass man ihr klarmachte, dass es stimmte, was sie in ihrem Talk erzählt hatte, dass sie tatsächlich nicht hierhergehörte. Die Botschaften des Public Shaming kamen nicht nur bei ihr an. Als Folge diskutierten amerikanische Psycholog*innen den menschlichen Umgang in der Wissenschaft, den herrschenden Seximus und die fehlende Inklusion. Cuddy zog sich aus der Wissenschaft zurück und für einige Zeit auch aus der Öffentlichkeit. Ihr Buch landete trotzdem auf den Bestsellerlisten, und sie blieb eine gefragte Referentin. Sie arbeitet auch schon an einem neuen Buch mit dem Titel *Bullies, Bystanders, and Bravehearts.*

Betrachtet man das Impostor-Phänomen unter wirtschaftlichen Aspekten, muss man quasi auf der Frauenschiene fahren. Das lässt sich viel besser erzählen, vermitteln und vermarkten. »Impostorismus scheint politischer und potenziell folgenreicher zu sein, wenn er bei Frauen auftritt. Wir wissen, dass weniger Frauen als Männer in die oberen Managementetagen gelangen, aber wir sind uns nicht immer einig, warum – und die weibliche Unsicherheit ist eine verlockend simple Erklärung, die die Arbeitgeber*innen aus der Verantwortung entlässt«, schrieb die amerikanische Journalistin L. V. Anderson im April 2016 im Onlinemagazin *Slate*. Kurz darauf, am Muttertag, veröffentlichte Sheryl Sandberg einen langen Post auf Facebook, in dem sie einige Aussagen aus *Lean In* revidierte. Im Jahr zuvor war überraschend ihr Mann gestorben und sie war mit ihren zwei Kindern nun allein. »Ich habe es vorher nicht wirklich gecheckt. Ich habe nicht gecheckt, wie schwer es ist, in der Arbeit erfolgreich zu sein, wenn man zu Hause überfordert ist«, schrieb sie. Sie erkannte die privilegierte Position, aus der heraus sie das Buch hatte schreiben können, sowie die gesellschaftlichen Hindernisse, die sich Frauen bei ihrer Karriere entgegenstellen, und forderte systemische Veränderungen: »Wir müssen unsere Arbeitnehmerpolitik neu denken und unser Verständnis von Familie erweitern.«

Wir müssen unser Verständnis generell erweitern. Und das hier ist ein Anfang.

Chamäleon oder Expertin? Typologisierungsversuche

Immer wieder wird versucht, das Impostor-Phänomen zu kategorisieren, indem man die Betroffenen in verschiedene Charaktere unterteilt. Kategorisierungen sind einerseits hilfreich und willkommen, denn wir lieben Einteilungen, weil dann alles so schön einfach, kompakt und übersichtlich ist. Allerdings ist es in Wirklichkeit natürlich nie so einfach, und es kann sein, dass man entweder in gar keine Kategorie fällt, man ein bisschen von allen hat, oder dass etwas ganz anderes für das eigene Verhalten charakteristisch ist. Zudem werden Kategorisierungen auch durch den Zugewinn von Wissen überholt. Trotzdem ist es interessant, sich die Kategorisierungsversuche anzusehen. Nicht als absolute Wahrheit, sondern um dadurch das eigene Verhalten zu reflektieren.

Die erste Kategorisierung von Betroffenen fand recht bald nach der Entdeckung des Phänomens statt: Joan C. Harvey erwähnte in ihrer Doktorarbeit von 1981 sechs Typen von IP-Menschen, die jedoch nicht empirisch belegt sind. Sie unterschied die Typen im Hinblick auf deren Verhalten am Arbeitsplatz: Workaholics, Bescheidene, Charmante, Abergläubische, Chamäleons und Einfühlsame.

Die Workaholics sind das, was wir auch als Over-Doer bezeichnen. Sie arbeiten zu viel, sind immer übervorbereitet und absolut zuverlässig. Sie haben nie Zeit, spannen selten aus und können sich über den kleinsten Fehler aufregen.

Den Bescheidenen fällt es schwer, Komplimente zu bekommen. Sie sind nicht fähig, Lob zu anzunehmen und sich darüber zu freuen. Stattdessen widersprechen sie oder tun das Kompliment ab und setzen damit ihre eigene Leistung herab.

Die Charmanten sind sympathisch, witzig und sozial. Sie »können mit jedem« und alle mögen sie. Das merken sie natürlich und halten diese Tatsache für den einzigen Grund ihres Erfolgs.

Die Abergläubischen arbeiten so viel wie die Workaholics, stressen sich enorm und bekommen Panikanfälle. Sie glauben, dass der Erfolg sich nur deswegen einstellt, weil sie solche Angstzustände und Panikattacken vorher erleben. Sie kultivieren rituelle Besorgnis und Panik, indem sie ihr Scheitern fast mantraartig immer wieder vor ihrem inneren Auge ablaufen lassen. Die Panik ist quasi Garant für den Erfolg. Abergläubische Menschen sind auch anfällig für Talisman-Logik wie »ich habe die Prüfung nur bestanden, weil ich meine Glücksschuhe anhatte«.

Die Chamäleons sind überangepasste Menschen ohne eigenständige Persönlichkeit. Sie wollen nicht auffallen, keine Aufmerksamkeit erregen, nicht anecken. Sie glauben, ihre Anpassungsfähigkeit und der Mangel an eigenen Meinungen sei der Grund für ihren Erfolg.

Die Einfühlsamen helfen ihren Mitmenschen, bevor sie darum gebeten werden. Und auch wenn sie nicht darum gebeten werden. Sie antizipieren die Wünsche der anderen und handeln, wie sie es für richtig halten. Das Gefühl für die eigenen Wünsche und Bedürfnisse bleibt auf der Strecke.

Im Jahr 2011 stellte die amerikanische Impostor-Phänomen-Expertin und -Coachin Dr. Valerie Young ein neues Typensystem auf. In ihrem Buch *The Secret Thoughts of Successful Women* unterteilte sie Impostor-Menschen in fünf Typen: Perfektionist*innen, Naturtalente, Einzelgänger*innen, Expert*innen und Superheld*innen. Kriterium war das Kompetenzverständnis der Personen, also was für die Betroffenen Kompetenz bedeutet.

Die Perfektionist*innen

Sie haben ein unbarmherziges Regelwerk im Kopf. Für sie gibt es nur zwei Arten, etwas zu tun – richtig oder falsch –, und sie wissen genau, wie die Dinge zu sein haben. Deshalb können sie auch schlecht delegieren: Andere können es ihnen einfach nicht recht machen. Also erledigen Perfektionist*innen es lieber selbst. Alles unter 120 Prozent ist nicht akzeptabel, ja, peinlich. Sie mikromanagen und verlieren sich in Pedanterie. Sie haben ihr Papier zwei Wochen vor Abgabe fertig, zehnmal redigiert und geprüft, und sie ändern bis zum letzten Tag mehrere Male das Wörtchen »das« in »ein« und zurück in »das« und formatieren das Dokument stundenlang um, weil es noch nicht »perfekt« ist. Perfektionist*innen sind ihre eigenen größten Kritiker, und die Schmach eines Misserfolgs ist für sie vernichtend. Das kann dazu führen, dass sie etwas lieber erst gar nicht in Angriff nehmen, als sich einer möglichen Blamage auszusetzen. Sogar Erfolge geben ihnen keine Befriedigung, denn sie sehen immer nur das, was sie hätten noch besser machen können. Wegen ihrer zu hoch angesetzten Maßstäbe ist ein Scheitern allerdings vorprogrammiert. Wenn es dann eintritt, ist es ein Beweis ihrer Hochstapelei.

Die Naturtalente

Ihre Überzeugung: Man kann es oder man kann es nicht. Wenn ich etwas dafür tun muss, ist das der Beweis dafür, dass ich unbegabt bin. Wie die Perfektionist*innen stellen auch sie fast unerreichbar hohe Ansprüche an sich selbst, allerdings bewerten sich Naturtalente danach, wie mühelos und schnell der Erfolg erreicht wurde. Verstehen sie etwas nicht auf Anhieb oder müssen sie dafür gar üben, heißt das für sie: Ich bin nicht intelligent/fähig/kreativ genug. Sie hatten in ihrer Kindheit und Jugend oft Erfolgserlebnisse, ohne sich anstrengen zu müssen, und gehen davon aus, dass das immer so sein wird. Die Tatsache, dass vor allem Spitzenleute meistens sehr hart für ihren Erfolg arbeiten, ist ihnen nicht bekannt. In einer Kultur, die Erfolgsgeschichten im Zeitraffer proklamiert, gibt es für harte Arbeit keinen Sendeplatz. Ist ja auch langweilig. Also denken die Naturtalente, es liegt an ihnen. In ihren Augen kann man schreiben oder man kann es nicht, man kann Mathematik oder man ist eben unbegabt. Dazwischen gibt es nichts. Wenn sie nun in einer Situation sind, in der sie etwas lernen müssen und es flutscht nicht sofort, dann setzt das Impostor-Phänomen ein: Ich bin nicht kompetent. Die haben sich in mir geirrt. Die tiefe Scham, die Naturtalente in solchen Situationen empfinden, hält sie oft davon ab, Neues auszuprobieren.

Die Expert*innen

Sie fühlen sich ständig unerfahren und nicht ausreichend qualifiziert. Wie gut sie sich auch in einem Bereich auskennen, wie groß auch immer ihr Wissen ist, es ist garantiert nicht ausreichend. Egal was die Aufgabe ist: Expert*innen sind davon überzeugt, dass ihre Qualifikationen nicht genügen. Sie belegen lieber vorher noch ein Seminar, einen weiteren Kurs, bevor sie auch nur erwägen, eine Stelle anzunehmen, für die sie objektiv gesehen längst qualifiziert sind. Wenn sie aber tatsächlich zu dem Punkt kommen, an dem sie von anderen als Expert*innen bezeichnet werden, dann ist ihnen das unangenehm, denn es fühlt sich für sie unangemessen an. Dazu steigt der Druck, dementsprechend performen zu müssen – und das, wo sie doch ohnehin nur bluffen. Diese Personen gehen davon aus, dass es eine bestimmte Menge an Wissen und Erfahrung zu einem Thema gibt, die man mindestens haben muss. Und die ist immer größer als die, die man tatsächlich beherrscht. Diese Logik hält viele davon ab, sich neuen Herausforderungen zu stellen, neue Jobs oder anspruchsvolle Projekte anzunehmen oder auch nur, sich an einer Diskussion in einem Facebook-Thread zu beteiligen, weil – ein dummer Satz und alle merken, dass man sich eigentlich überhaupt nicht auskennt. Lieber noch ein Buch lesen. Das ist auch eine Form von Prokrastination.

Die Einzelgänger*innen

Sie würden nie um Unterstützung bitten. Diese Menschen sind davon überzeugt, dass wirkliche Kompetenz nur ohne fremde Hilfe entsteht. Sie glauben, dass sie keine Hilfe brauchen dürfen. Erfolg zählt für sie nur dann, wenn sie ihn ganz allein erzielt haben. Alles andere gilt nicht: Teamwork, Feedback oder wenn jemand ein gutes Wort für sie einlegt. Ihre Arbeit und Ideen müssen absolut neu und originell sein, sonst sind sie nichts wert. Sogar wenn sie ein Projekt übernehmen, das eine einzelne Person offensichtlich nicht bewältigen kann, fragen sie nicht nach Hilfe. Das wäre ein Eingeständnis mangelnder Kompetenz und darüber hinaus kein richtiger Erfolg. Also machen sie es selbst, gern auch auf Kosten ihres Privatlebens und ihrer Gesundheit. Dass Kompetenz auch heißt, die eigenen Ressourcen einzuschätzen und weder sich selbst noch das Projekt zu gefährden, ist ihnen fremd.

Die Superheld*innen

Das ist eine Variante der Perfektionist*innen. Superfrauen und Supermänner müssen aber nicht nur in Beruf oder Ausbildung brillieren, sondern in allen Bereichen. Valerie Young hält diesen Typus für eine Reaktion auf eine Gesellschaft, die vor allem Frauen suggeriert, dass man alles haben kann – und irgendwie auch sollte: eine Karriere, tolle Kinder, eine glückliche Beziehung, einen großen, interessanten Freundeskreis, eine »hyggelig« eingerichtete, großzügige Wohnung, einen fitten Körper, ein gepflegtes Aussehen und genügend Zeit, um sich politisch zu engagieren, Ausflüge zu machen oder einen Blog zu betreiben. »Stellen Sie sich Superwoman als eine Mischung von Perfektionistin, Naturtalent und krasser Individualistin vor. Auf Steroiden«, schreibt Young. Aber es betrifft nicht nur Frauen. Der Druck, alles auf Anhieb perfekt und ohne Hilfe machen zu können, ist enorm. Das gelingt natürlich niemandem, irgendetwas bleibt immer auf der Strecke oder ist eben nicht so perfekt. Die Diskrepanz zwischen dem »sollte« und dem »ist« führt zu permanenten Schuldgefühlen – und zu der Überzeugung, dass man eben einfach nicht alles checkt. Auch wenn die anderen denken, man ist erfolgreich und glücklich.

Kapitel 2

TOTAL INDIVIDUELL

Impostors wie du und ich

Josef war ein super Schüler. Er kann sich nicht erinnern, dass er in irgendeinem Fach schlecht war, und das ohne dass er sich viel Mühe gab. Geschichte ist sein Steckenpferd, er las schon früh die alten Meister. Ein nachdenklich-grüblerischer Junge sei er gewesen, manchmal ein bisschen melancholisch. Durchs Gymnasium ist er so durchgerutscht, sein Abitur machte er mit 1,7. Es folgte eine kurze Phase der Niedergeschlagenheit. »Depression wäre jetzt zu viel gesagt. Ich fühlte mich orientierungslos in all dieser Wirtschaftlichkeit der Welt.« Aus Ratlosigkeit fing er an, Geschichte und Politik zu studieren, inhaltlich gefiel ihm das gut. Aber die neue Umgebung war hart. Plötzlich fand alles auf einem anderen Niveau statt, und, wie Josef süffisant anmerkt, »du verlierst dein Alleinstellungsmerkmal«. Jetzt gab es viele wie ihn, die alle mal mehr oder weniger grüblerische Einser-Schüler waren und die alten Meister gelesen hatten. »All diese schlauen Menschen um einen herum. Ich hatte das Gefühl, dass alle schlauer sind als ich.« Das Problem sah Josef aber nicht nur in seiner vermeintlich minderen Intelligenz, sondern auch in seiner mangelnden Methodik. »Mir ist in der Schule vieles so leichtgefallen, dass ich das Lernen gar nicht gelernt habe.«

Josef ist ein großer Mann von Anfang vierzig, mit gutem Style und guten Manieren, der sich selbst nicht so ernst nimmt. Nach zwanzig Minuten Gespräch fragt er mich besorgt: »Ich bin mir nicht sicher, ob ich dir mit alldem überhaupt weiterhelfe. Geht das denn überhaupt in die Richtung, die dich interessiert?« Ich muss schmunzeln. »Doch, doch«, sage ich, »hört sich gut an.« Das beruhigt ihn, und er plaudert weiter. Seine Klugheit merkt man in den Witzen, die er macht. Über sich, über andere, über die Welt. Aber während des Studiums war er phasenweise gar nicht so gut drauf. Dafür gab es keinen richtigen Grund, es waren mehr die ständigen Verunsicherungen, die nur ihn zu treffen schienen, »alle anderen sind immer so selbstbewusst aufgetreten«. Er bekam mehrere Absagen auf seine Praktikumsbewerbungen bei der EU, und obwohl er wusste, dass er keine Referenzen hatte, fühlte er sich seltsam, so als Einziger ohne Praktika.

Dazu muss man wissen: Das war in den Neunzigern. Wer da kein Praktikum machte, galt als asozial. Alles wurde auf einmal digital, der Dotcom-Wahn griff um sich, und die Leute fragten Josef völlig irritiert, warum er denn um Himmels willen Geisteswissenschaften studiere, wo doch jeder wisse, dass man damit nur eines werden konnte: Taxifahrer. Seine Zweifel wuchsen, hielten ihn die Nacht durch wach. »Ich habe gar nicht gesehen, was ich kann, beziehungsweise habe ich das, was ich kann, als normal vorausgesetzt.« Also als etwas, das jeder beherrscht. Auf meine Frage, wie er denn die Uni abgeschnitten habe, antwortet er: »Das hab ich ganz gut gemacht, aber ich war eben nicht brillant.« Was das als Note bedeutet, frage ich nach. »1,7«, sagt Josef. Und schiebt nach: »Aber das fiel mir nicht so leicht.«

Nach dem Abschluss fing er bei einem Sportartikelhersteller in der PR an. Da sei er »irgendwie reingekommen« und war nicht mal ein Jahr da, weil ihn eine Agentur abwarb, wo er acht Jahre arbeitete. »Ich bin da so ein bisschen nach oben gestolpert. Einmal ging der Vorgesetzte, einem anderen wurde der Vertrag nicht verlängert.« Der Job gefiel ihm, aber er kam sich mitunter seltsam vor. »Ich kam von der Uni, hatte mich mit Nietzsche, Platon und Co. auseinandergesetzt, und auf einmal war ich in der kafkaesken Welt von betrieblicher Perfektion. Da ging es um Onlinemarketing, und ich dachte: Ich kann das hier gar nicht. Worum geht es überhaupt? Ich habe nicht verstanden, worüber die überhaupt sprechen. Heute weiß ich, da wird auch ganz viel Schaumschlägerei betrieben.«

Dann bekam Josef ein Angebot, das sich verlockend anhörte: eine Führungsposition in einer bekannten Nichtregierungsorganisation, ein tolles Projekt mit einem Millionenetat, gut bezahlt. Allerdings musste er dafür umziehen. Aber es ging alles schief, was nur schiefgehen konnte. Das Projekt lief schon, als Josef kam, die Strukturen funktionierten nicht, das Team war zerstritten, unkollegial und machte Josef das Leben zur Hölle. Gerade die soziale Kälte machte ihm zu schaffen. »Das erste halbe Jahr war noch okay, im zweiten ging es mir an die Substanz, dann habe ich mich ganz oft hinterfragt und war öfter mal wie gelähmt. Das war vielleicht ein Scheißjahr.« Obwohl er panische Angst vor der Arbeitslosigkeit hatte, wurde der Leidensdruck so groß, dass er kündigte. Nicht einmal drei Monate später bekam er einen sehr guten Job in seiner Hei-

matstadt. Das Gefühl des Scheiterns konnte er aber nicht so leicht loswerden. Er fixierte sich stark auf seinen Chef, wollte seinen Job perfekt ausführen, litt unter Versagensängsten. Musste er einen Text verfassen, geriet er in Panik. »Ich dachte: ›Jetzt ist der Moment gekommen, an dem sich herausstellt, dass ich das nicht erfüllen kann.‹ Was absurd ist. Ich hatte noch nie in meinem Leben erlebt, dass ich etwas nicht zum festgelegten Zeitpunkt abgeliefert habe. Aber da hatte ich das Gefühl: Jetzt kommt diese neue Aufgabe, und jetzt merkt jeder, dass ich ein Schaumschläger bin.« An dieser Stelle senkt Josef seine Stimme, als würde er mir ein Geheimnis anvertrauen. »Dass ich die Ressourcen Wissen und Erfahrung, die ich ja habe, grundsätzlich zur Disposition stelle, infrage stelle in mir … Ich mache meinen Job ja seit vier Jahren. Da ist schon Routine drin. Es kommt jetzt punktueller. Es kann mich zwischenzeitlich immer wieder kalt erwischen, sodass ich denke: Was kannst du denn überhaupt?«

Josef meinte, dieser Zweifel hänge stark von seiner Gemütslage ab. Ich frage ihn, was er anfangs damit gemeint habe, dass er »nach oben gestolpert« sei. Ob das vielleicht damit zu tun gehabt habe, dass er gut in seinem Job war? »Doch, weil mir das jemand zugetraut hat«, antwortet er, dann fährt er nach einer kurzen Pause fort: »Genau. Ich mache mich gerade selber klein, aber es war eben so: Die Kollegin war weg, und ich wurde aufgefordert: ›Mach du's!‹«, erklärt er. Ich schmunzle, und Josef sagt »Ich bin nicht sicher, ob ich in dein Muster passe.«

Ich weiß, was du meinst, aber so schlimm ist das bei mir nicht …

Das Impostor-Phänomen ist kein offensichtliches und greifbares Leiden wie ein gebrochenes Bein. Man wird davon auch nicht befallen wie von einem Virus und wacht eines Morgens auf mit rasendem Herzen und dem Wissen, dass man nun eine Hochstaplerin ist. Nein. Es entwickelt sich über lange Zeit im Unterbewusstsein. Es schleust sich ein und infiltriert elegant. Wer, bitte, denkt denn schon bewusst Sätze wie »Ich bin eine Hochstaplerin« oder »Was ich hier mache, ist Betrug»? Die meisten Menschen haben eher ein ungutes Gefühl der Unzulänglichkeit. Sie tragen einen latenten Hauch der Panik in ihrem Bauch oder ihrer Brust oder einen klitzekleinen Kloß im Hals und werden sich oft erst dessen gewahr, wenn jemand über genau dieses Gefühl spricht. Oder wenn sie darüber lesen. Es ist kein Zustand, sondern ein Gefühlsvakuum, das mal stärker, mal schwächer sein kann oder nur in einem Bereich oder einer Situation auftritt.

Das Gefühl der Hochstapelei entsteht oft in einem jahrelangen Prozess. In dieser Zeit kann die Psyche das Impostor-Phänomen in aller Ruhe individuell »zuschneiden« (»customizing«), es an die eigenen Vorlieben und die Gegebenheiten anpassen und ein perfektes System etablieren, das sich selbst nährt und schützt. Das passiert natürlich unterbewusst. Das Impostor-Phänomen zeigt sich bei unterschiedlichen Menschen in unterschiedlicher Weise. Hier ein paar Beispiele:

Das Gefühl, wenn

- du eine gute Abschlussnote für einen Zahlendreher hältst.
- du der Überzeugung bist, dass du den Job nur bekommen hast, weil die Personalchefin dich so sympathisch fand.
- du weißt, dass du überhaupt keine Ahnung von deinem Job hast, aber deine Vorgesetzten keine Ahnung haben, dass du keine Ahnung hast, und dir immer mehr Verantwortung geben, und du nicht checkst, wie man nicht checken kann, dass du nichts checkst.
- eine Gehaltserhöhung dir ein schlechtes Gewissen macht, weil du eigentlich gar nicht so gut performst, wie alle denken.
- du der Überzeugung bist, dass sie dir den Doktortitel aus Versehen verliehen haben – denn, Entschuldigung, wo kommen wir denn da hin, wenn jemand wie du einen Doktortitel bekommt? Deine Arbeit hat wahrscheinlich nur der Assi gelesen, und der hat nicht gemerkt, wie schlecht sie ist.
- Branchenfremde deine Arbeit loben, und du dir denkst: Die haben halt keinen Schimmer.
- du glaubst, du hättest deinen Platz in der Eliteausbildungseinrichtung nicht verdient, weil du die Aufnahmeprüfung erst im zweiten Anlauf geschafft hast.
- dich jemand nach deiner Meinung zu einem juristischen Thema fragt und du überlegst, welchen Anwalt du anrufen könntest, dir aber beim Wählen der Telefonnummer einfällt, dass du ja selbst Jurist*in bist.
- du behauptest, man hätte dich in den bekannten Workshop hineingecastet, weil »die einfach zu wenig Frauen hatten«.

- deine Mutter dir sagt, sie sei stolz auf dich, und du denkst: »Das musst du ja sagen, du bist doch meine Mama.«
- du eine Mega-Präsentation hinlegst, und dein erster Gedanke danach ist: »Das ist ja gerade noch mal gut gegangen.«
- du dich nicht traust, in der Redaktionskonferenz etwas beizutragen, weil alle die totalen Expert*innen sind und du selbst nicht mal weißt, wie man »föhnen« schreibt (»fönen«?).
- du auf ein Jobangebot am liebsten antworten würdest: »Total nett, aber das würde ich mir an Ihrer Stelle noch mal überlegen. Da finden Sie garantiert eine viel bessere Kandidatin.«
- dir ein Kollege zum Abschluss eines hochdotierten Projekts gratuliert und du sagst: »Ach, das war nichts Besonderes, das hätte jeder hinbekommen.«
- du denkst, dass dein kontinuierlicher Erfolg einzig darauf gründet, dass du alle wichtigen Termine auf astrologisch geeignete Daten legst.
- du ein Manuskript zuerst nicht schreiben und dann nicht abgeben willst, weil sie es dann schwarz auf weiß haben, dass du nicht schreiben kannst und ein bisschen dumm bist.
- du sogar über ein Jahrzehnt nach deiner Dissertation immer noch die leise Angst mit dir herumträgst, dass irgendwann der Bescheid kommt, dass es damals eine Verwechslung gegeben hat, deine Arbeit in Wirklichkeit unglaublich schlecht war und sie dir den Doktortitel aberkennen.

Auch wenn sich manche Punkte witzig anhören – das sind alles echte Beispiele von echten Menschen. Menschen, die klug und talentiert sind, viele haben gute Positionen oder sind sogar bekannt auf ihrem Gebiet, andere machen einfach einen guten Job, aber keine Karriere. Die Menschen wirken selbstbewusst und sind selbstreflektiert. Und keine dieser Personen sagt explizit, dass sie das Gefühl hat, ein*e Hochstapler*in zu sein.

Willkommen im Club!

Der Persönlichkeitspsychologe Kay Brauer stolperte 2013 über das Impostor-Phänomen. »Klaas Heufer-Umlauf hat in einem Interview gesagt, dass er den Eindruck hat, es könnte jeden Moment vorbei sein. Da klopft dann jemand an seine Tür, der sagt: Na ja, jetzt ist aufgefallen, du kannst in Wirklichkeit gar nichts, und der Erfolg steht dir gar nicht zu«, erinnert sich der Wissenschaftler. Immer wieder stieß er auf Aussagen wie die von Heufer-Umlauf, sah darin ein Muster und erfuhr dann von dem Begriff. »Ich war überrascht, dass es so etwas gibt, dass es Studien dazu gibt und dass es halbwegs erforscht ist. In dem Rahmen fing ich dann an, mich damit zu beschäftigen.« Brauer forscht an der Martin-Luther-Universität Halle-Wittenberg unter anderem zu diesem Thema, er schrieb seine Masterarbeit über eine mögliche Behandlung des Impostor-Phänomens und erforschte die Validität der deutschen Version von Clance' Fragebogen zum Impostor-Phänomen.

Es gibt Studien, die besagen, dass etwa 70 Prozent der Bevölkerung mindestens einmal in ihrem Leben eine Impostor-Episode erleben. Bei manchen hat es sich mit dieser einen Episode erledigt, andere haben öfter damit zu kämpfen, wieder andere leben Jahre oder ein Leben lang damit. Viele berühmte Persönlichkeiten haben offenbart, dass sie mit Impostor-Gefühlen zu kämpfen haben oder hatten. Sheryl Sandberg schreibt in ihrem Buch *Lean in: Frauen und der Wille zum Erfolg* über ihre Studienzeit in Harvard: »Jedes Mal, wenn ich in einem Seminar aufgerufen wurde, war ich davon überzeugt, mich zu blamieren. Jedes Mal war ich nach einer Klausur sicher, dass sie schiefgegangen war. Und jedes Mal, wenn ich mich dann doch nicht blamiert hatte – oder sogar hervorragend abschnitt –, hatte ich das Gefühl, schon wieder alle an der Nase herumgeführt zu haben. Aber irgendwann in naher Zukunft würde der Schwindel auffliegen.« Diese Gefühle hat sie teilweise heute noch. In einem Interview mit den Journalistinnen Katty Kay und Claire Shipman sprach sie über ihre Selbstzweifel. »Es gibt immer noch Tage, da wache ich auf und fühle mich wie eine Betrügerin, und ich bin mir nicht sicher, ob ich da hingehöre, wo ich bin«, sagte sie 2014. Da war sie seit sieben Jahren Geschäftsführerin von Facebook.

Die britische Oscar-Preisträgerin Kate Winslet sagte: »Manchmal wache ich morgens vor den Dreharbeiten auf und denke: Ich kann das nicht. Ich bin eine Betrügerin.« Und Jodie Foster erzählte: »Als ich den Oscar gewonnen habe, dachte ich, das war ein Missverständnis. Ich dachte, sie würden das rausbekommen und ihn zurückfordern. Sie würden an meine Tür klopfen und sagen ›Entschuldigen Sie, aber der war für jemand anderen bestimmt. Der sollte eigentlich an Meryl Streep gehen.‹« Sogar die renommierte amerikanische Dichterin Maya Angelou lebte mit dieser Angst vor der Entdeckung:

»Ich habe elf Bücher geschrieben, aber jedes Mal denke ich mir: oh oh, sie werden es herausfinden. Ich habe alle zum Narren gehalten, und jetzt werden sie es merken.«

Auch der britische Schriftsteller Neil Gaiman leidet unter diesem Gefühl. 2012 hielt er vor der Abschlussklasse der University of Arts in Philadelphia eine Rede, die seither als Manifest für kreativ arbeitende Menschen gilt. Unter dem Titel »Make Good Art« sprach er von den Schwierigkeiten, die ein künstlerisches Leben mit sich bringt und wie man sie überwindet: »Das erste Problem bei jedweder Art von Erfolg, und sei er noch so klein, ist die unerschütterliche Überzeugung, dass man ungestraft mit etwas davonkommt und dass sie dich jeden Moment erwischen werden. Das ist das Impostor-Syndrom, etwas, das meine Frau Amanda ›die Hochstapler-Polizei‹ getauft hat.« Gaiman bezog sich damit auf die Rede, die seine Frau, die Musikerin Amanda Palmer, ein Jahr zuvor vor den Graduierten des New Institute of Art in Massachusetts gehalten hatte. »Da ist diese tief liegende Angst, dass jemand an deine Tür klopfen wird. Ich nenne diese fiktiven Leute die Hochstapler-Polizei, und die wird dir sagen: ›Wir haben es jetzt durchschaut, und wir nehmen dir alles weg.‹«

Oft wird das Impostor-Phänomen »high-achieving, successful people« zugeschrieben, also sehr erfolgreichen Menschen. Das würde bedeuten, die »Normalos« sind davon verschont. Das stimmt aber nicht ganz. Impostor-Menschen sind nicht nur »overachiever« in Geschäftsführerposition mit mindestens sechsstelligem Jahresgehalt, sondern auch freiberufliche Künstler*innen, einfache Angestellte, finanzschwache Start-up-Gründer*innen, Studienabbrecher*innen oder Schulkinder.

So messbar Erfolg erscheint – der Begriff erweist sich doch als relativ. Man kann es auch so ausdrücken: Erfolg ist, wenn man von seiner Kunst leben kann. Wenn man einen Abschluss macht oder ein Projekt zu Ende bringt. Der Wissenschaftler Kay Brauer benutzt immer gute Noten als Beispiel. »Es muss ein positives Endprodukt sein, aber es ist nicht festgelegt, ob es konventionellen Erfolgskriterien wie Geld entspricht. Es kann auch etwas Weiches sein wie ein Empfehlungsschreiben oder ein gutes Feedback, das reicht schon aus.« Das Impostor-Phänomen tritt also in Leistungssituationen auf. Deshalb kann es im Grunde genommen sehr viele Menschen treffen. Und potenziell tut es das auch. Wissenschaftlich nachgewiesen.

Das Impostor-Phänomen wurde in Ländern wie Deutschland, den USA, Kanada, dem Iran, Pakistan, Frankreich, Italien, Korea und Japan nachgewiesen, und zwar unter anderem bei Bibliothekar*innen, Manager*innen, Ärzt*innen, Lehrer*innen, Doktorand*innen, Professor*innen, Unternehmer*innen, Hebammen und Entbindungshelfer*innen, Schüler*innen und Student*innen der Psychologie, Medizin, Zahnmedizin, Pharmazie, Ingenieurs- und Rechtswissenschaften.

Es tritt bei Menschen in der Ausbildung, bei Berufsanfängern ebenso wie bei erfahrenem Personal auf. Bei Menschen in Führungspositionen oder im mittleren Management, bei Angestellten, bei Firmeninhaber*innen, bei Selbstständigen und Freiberufler*innen.

Schwule Männer, Hetero-Männer, lesbische Frauen und Hetero-Frauen leiden unter Impostor-Gefühlen. Das Impostor-Phänomen wurde festgestellt bei Vorpubertären, bei »verhaltensauffälligen« Jugendlichen, bei »normalen« Jugendlichen, bei alten Menschen und bei den Altersklassen dazwischen. Das heißt im Generationssprech: bei Millennials, bei der Generation X, bei der Generation Golf, bei den Babyboomern beziehungsweise 68ern und bei der Nachkriegsgeneration.

Es betrifft abergläubische und nicht abergläubische Menschen, selbst ernannte Hexen, Wissenschaftler*innen und Atheisten, Hochbegabte und durchschnittlich Begabte, Internet-Neulinge und erfahrene Game-Entwickler*innen, Menschen in rollenfremden Berufen und Menschen in stereotypen Berufen.

Es wurde nachgewiesen bei Menschen mit Alkoholiker-Eltern, Menschen mit High-Achiever-Eltern, Menschen mit Essstörungen, Menschen ohne Essstörungen, Menschen, die gerade einen Misserfolg haben hinnehmen müssen, und Menschen, die gerade Erfolg erlebt haben.

Man kann also davon ausgehen, dass die meisten Menschen dieses Gefühl kennen. Das ist nämlich das eigentliche Phänomen des Impostor-Phänomens: Es betrifft so viele so unterschiedliche Menschen, aber jeder Betroffene fühlt sich allein in dieser Erfahrung. »Wenn also die meisten von uns herumlaufen und sich wie Betrüger und Betrügerinnen fühlen, wie kann es dann sein, dass es keiner von uns weiß?«, fragt Amy Cuddy in ihrem Buch *Dein Körper spricht für dich: von innen wirken, überzeugen, ausstrahlen* und gibt gleich die Antwort: »Weil wir uns schämen und Angst haben, darüber zu reden.«

Das Impostor-Phänomen im Privatleben

Die Wissenschaft der letzten Jahrzehnte interessierte sich ausschließlich für das Impostor-Phänomen im beruflichen Umfeld. Von wenigen Ausnahmen abgesehen konzentrierten sich die Studien auf alle möglichen Karrierekontexte. Die Auswirkungen auf das Privatleben wurden nicht erforscht. Das lag zum einen daran, dass das Konstrukt als Reaktion auf Leistungsanforderungen definiert war, und Leistung verortete man lange nur im beruflichen Bereich. Dabei lassen sich die Faktoren von Impostorismus viel einfacher im Privaten beobachten. Nehmen wir beispielsweise DISCOUNT: das Sichabwerten vor anderen gehört für die meisten von uns so fest ins soziale Vokabular, dass es gar nicht mehr auffällt. Als wäre es das Normalste der Welt, führen wir Dialoge wie diese:

»Das ist aber ein schönes Kleid.«
– »Ach, das hab ich von H&M, war total billig.«

»Wahnsinn, seh ich auf dem Foto scheiße aus.«
– »Du spinnst. Schau dich mal an. Du siehst bombig aus!«

»Ich liebe es, wie du Geschichten erzählst.«
– »Mein Bruder kann das noch viel besser.«

»Eure Wohnung ist so geschmackvoll eingerichtet. Die könnte man für ein Wohnmagazin fotografieren.«
– »Findest du? Ich weiß nicht. Deine ist viel stylisher ...«

»Eure Tochter ist wahnsinnig smart. Dafür, dass sie erst fünf ist, weiß sie ja unglaublich viel.«
– »Ja, stimmt. Aber von mir hat sie das bestimmt nicht.«

»Hey, lange nicht gesehen, du siehst ja super aus!«
– »Ach Quatsch, ich hab doch totale Augenringe.«

»Ey, das war aber ein Super-Slize. Ich wusste gar nicht, dass du so gut Tennis spielst!«
– »Glückstreffer.«

»Du bist ein hervorragender Koch. Ich bin beeindruckt. Das schmeckt wahnsinnig toll!«
– »Findet ihr? Also ich finde, es ist ein bisschen zu matschig. Und das Fleisch ist auch nicht so, wie ich das wollte.«

Für jede Situation gibt es natürlich mehrere Interpretationsmöglichkeiten. Vielleicht sollte es lustig sein oder dem Gegenüber ein gutes Gefühl vermitteln. Vermutlich stimmte es auch, und der Slize war wirklich nur ein Glückstreffer. Möglicherweise ist es eine Variante des Understatement-Bingos, das man spielt, weil es sich so gehört. Unter Umständen spielt auch echte oder falsche Bescheidenheit eine Rolle. Oder der Dialog war Teil des Selbstzerfleischungsrituals, das zumeist in Frauengruppen auftritt und bei dem alle Beteiligten reihum sich selbst niedermachen. Das ist unabhängig vom Selbstwertgefühl der einzelnen Frau und hat seinen Ursprung in der einer Frau zugeschriebenen Rolle in der Gesellschaft – in diesem Fall in der Auffassung, dass eine Frau bescheiden und zurückhaltend sein sollte. Wir wurden also konditioniert, uns so zu verhalten. Es gibt andere, evolutionstheoretische Erklärungsversuche, aber ihre Erörterung würde hier den Rahmen sprengen. Tatsache ist: DISCOUNT passiert im privaten Bereich. Andauernd.

Bei genauerer Betrachtung findet man auch die Kategorie FEAR als Angst, uns zu offenbaren, weil wir befürchten, die Menschen könnten uns nicht mehr mögen, wenn sie unser wahres Ich kennenlernen. Dieses wahre Ich ist bei den meisten von uns nämlich nicht deckungsgleich mit dem Präsentations-Ich, das wir vor anderen zur Schau stellen, was der Kategorie FAKE zuzuordnen ist, dem Gefühl, anderen etwas vorzuspielen.

Bereits in den 1980er-Jahren hat die IP-Entdeckerin Pauline R. Clance das Phänomen auch im Hinblick auf den privaten Bereich untersucht und ist zu der Überzeugung gelangt, dass das Gefühl, nicht gut genug zu sein, sehr wohl auch persönlich wirken kann. In ihrem Buch *The Impostor Phenomenon* von 1985 erwähnte sie die Bereiche Liebesbeziehung, Freundschaft und Mutterschaft beziehungsweise Elternschaft. Im gleichen Jahr erschien das Buch von Joan C. Harvey und Cynthia Katz *If I'm So Successful, Why Do I Feel Like A Fake? The Impostor Phenomenon* (deutsch ebenfalls 1985 unter dem Titel *Das Hochstapler-Phänomen: die Angst vor dem Erfolg. Ursachen, Auswirkung, Überwindung*). Darin beschreibt die klinische Psychologin Harvey ihre Erkenntnisse aus der Arbeit mit IP-Patienten, deren Leiden nicht zwangsläufig im beruflichen Umfeld stattfanden. »Sie erlebten diese Gefühle des Betrugs in Bereichen, die nichts mit ihrem Beruf zu tun hatten.« Ein ganzes Kapitel befasst sich mit dem Impostor-Phänomen im persönlichen Umfeld: Im Gegensatz zu Menschen, die im Beruf vom Impostor-Phänomen betroffen sind, führen solche, die im Privatleben von den Impostor-Auswirkungen heimgesucht werden, ihren »Erfolg« in der Partnerschaft, Freundschaft oder Erziehung meist nicht auf äußere Umstände wie Glück, gutes Timing oder harte Arbeit zurück, sondern auf die Fassade, die sie aufbauen. Sie glauben, dass ihr Verhalten im Widerspruch zu dem steht, was sie wirklich fühlen, zu ihrem wahren Selbst. Aber nicht alle, die sich unzulänglich oder schuldig fühlen, seien IP-Menschen. Joan C. Harvey zählt drei Punkte auf, die das private Impostor-Phänomen kennzeichnen: 1. Die Person glaubt, dass sie ihre wahren Gefühle und Schwächen verstecken muss. 2. Das Verstecken der Gefühle empfindet die Person als Betrug, als Heuchelei und Unaufrichtigkeit, was wiederum ihre Schuldgefühle verstärkt. 3. Die Person fürchtet sich vor Situationen, in denen ihre wahren Gefühle entdeckt werden könnten. Wie auch beim beruflichen IP, variiert auch die Intensität des privaten IPs von Person zu Person. »Manche fühlen es permanent, andere nur in bestimmten Phasen in ihrem Leben«, so Harvey.

Die meisten Menschen kennen dieses Gefühl: Man glaubt, dass andere etwas nur sagen oder machen, weil sie nett sein wollen, oder weil sie keine andere Wahl haben. Dass die Nachbarin dir nur aus Höflichkeit Komplimente für deine Frisur macht. Dass den Kolleg*innen der Kuchen gar nicht geschmeckt hat, aber sie Mitleid mit dir hatten. Dass Paul nur etwas mit dir unternimmt, weil eure Partnerinnen beste Freundinnen sind. Dass die Clique dich nur mitnimmt, weil du immer das beste Gras besorgst. Dass dein Partner nur mit dir zusammen ist, weil er keine*n Bessere*n gefunden hat. Dass die coole Frau auf der Party mit dir nur redet, weil sie keine Lust hat, allein herumzustehen.

»Das ist Impostor-Syndrom im Sinne von: Man glaubt, nicht so interessant zu sein, wie von den Menschen vermutet«, schreibt Dr. Marc D. White in einem Artikel in *Psychology Today*. »Du unterhältst dich mit einer Person, und auf einmal bist du dir nicht mehr sicher, warum sie überhaupt mit dir reden wollte – aber du bist dir sicher, dass du sie enttäuschen wirst, sobald du den Mund aufmachst.« Der Vorsitzende des

Philosophie-Departments des College of Staten Island/CUNY hält Selbstzweifel für die Ursache. Das Problem sei, dass wir uns selbst anders wahrnehmen, als andere uns wahrnehmen.

Im Liebeskontext ist das besonders schwierig. »Platzhalter-Komplex« nennt White das. Dieser Begriff veranschaulicht hervorragend das Gefühl, das Menschen mit geringem Selbstbewusstsein und Neigung zum Selbsthass – oft als Eifersucht fehlinterpretiert – empfinden. In ihrem Inneren allerdings ist die betreffende Person überzeugt, dass der Partner oder die Partnerin tatsächlich mit jemand anderem glücklicher wäre und dass sie diesem Glück nur im Weg steht. Man hält sich selbst für nicht liebenswürdig (genug) und lebt in der permanenten Angst, verlassen zu werden. Für White sind die Parallelen zum Impostor-Phänomen offensichtlich: »Beide offenbaren einen zugrunde liegenden Mangel an Selbstvertrauen und Zugehörigkeitsgefühl. Beide beinhalten Gefühle des Selbstzweifels und sogar Schuldgefühle, dass man die Situation nur noch schlimmer macht, was einen dazu bringt zu glauben, dass man es nicht verdient hat, hier zu sein und dass jemand anders es mehr verdient hat, dort zu sein.«

Die amerikanische Journalistin Suzanna Weiss nennt das »Dating Impostor Syndrome« und bekennt sich in einem Artikel selbst dazu: »Manchmal glaube ich, dass die Leute überrascht sein werden, meinen Partner und mich zusammen zu sehen. Weil ich glaube, er ist attraktiver, liebenswerter und generell begehrenswerter als ich.« Es gebe verschiedene Anzeichen für Beziehungs-IP. Zum Beispiel, wenn Betroffene mit dem Gedanken spielen, die Beziehung zu beenden, und zwar nicht, weil sie schlecht läuft, sondern weil sie zu gut läuft. Sie denken, dass früher oder später ohnehin Schluss sein wird, dann nämlich, wenn ihre Partner/innen auch merken, dass sie zu gut für sie sind. Also können sie sich auch gleich trennen. Aber auch, wenn man sich fragt, ob der/die andere einen überhaupt mag, ist es schon ein Zeichen für das Impostor-Phänomen im Privatbereich.

Es fällt einem nicht schwer, Menschen zu finden, die Impostor-Gefühle in ihren Beziehungen haben: Die Freundin, die auch nach über einem Jahr Beziehung auf keinen Fall in der Wohnung des Freundes auf die Toilette gehen will, um ein großes Geschäft zu verrichten, aus Angst, er könnte sie nicht mehr attraktiv finden, wenn er merkt, dass sie ein ganz normaler Mensch ist, der pupst und kackt. Der Freund, der immer davon ausgeht, dass Frauen ihn verlassen, wenn er sich öffnet und zeigt, dass er nicht so tough ist, wie er wirkt. »Ich dachte immer, dass der Titel ›Freundin‹ oder ›Ehefrau‹ für Frauen gedacht war, die hübscher als ich sind, oder dünner, schlauer, lustiger«, gesteht die texanische Therapeutin Leah Nea in ihrem Blog. »Ich war davon überzeugt, dass der Mann, mit dem ich zusammen war, jeden Moment realisieren würde, dass ich fake bin.« Die Gründe, warum der Partner oder die Partnerin sich für einen entschieden hat, werden genauso externalisiert wie in beruflichen Situationen: Es war gerade kein anderer da; weil sie mich lustig fand; ich bin eben »good on paper« ... Die Eigenschaften und Umstände, die man für die Beziehung verantwortlich hält, versucht man, krampfhaft aufrechtzuerhalten.

Eine der wenigen Studien, die etwas zum Thema Impostor-Phänomen im Privatleben aussagt, wurde im Jahr 2010 von den Psychologinnen Dr. Rory O'Brien McElwee und Dr. Tricia Yurak durchgeführt. Sie fanden heraus, dass mehr als ein Drittel der vom beruflichen Impostor-Phänomen Betroffenen das Gefühl hatten, dass andere sie persönlich und sozial für kompetenter hielten, als sie sich selbst einschätzten. Dass sie zum Beispiel emotional nicht so belastbar wären, wie sie wirkten, oder dass sie glaubten, sie hätten kein Talent, sich um Kinder zu kümmern.

Es sieht so aus, als seien Frauen im Privatleben stärker vom Impostor-Phänomen betroffen. Das liegt möglicherweise daran, dass Frauen eher bereit sind, ihre Gefühle zu äußern und auch Schwächen einzugestehen. Es hat auch etwas mit Sozialisation und Zuschreibungen zu tun. Der private Bereich ist traditionell weiblich besetzt: Das Heim, die Familie, die sozialen Beziehungen – das war und ist immer noch die Domäne der Frau. Der ursprüngliche Leistungsbereich. Man sagt Frauen nach, Expertinnen in Sachen soziale Interaktionen zu sein, fürsorglich, verbindend, nährend zu sein. Die Diskrepanz zwischen der Wahrnehmung der eigenen »Leistung« als Partnerin, Mutter oder Freundin, und dem, was die anderen in einem sehen oder von einem erwarten, kann zu Impostor-Gefühlen führen.

Gerade die gesellschaftliche Definition der Mutterrolle bietet ausreichend Gelegenheit für Gefühle der Unzulänglichkeit und Schuld. »Wenn eine Frau Mutter wird, können sehr starke Hochstaplergefühle bei ihr auftreten. Handelt es sich um das erste Kind, ist der Versuch, eine gute Mutter zu sein, manchmal eine erschreckend schwere Aufgabe«, schrieb Pauline R. Clance. Der Druck der Aufgabe war offensichtlich schon 1985 erheblich: »Wenn sie viel einschlägige Literatur gelesen hat, weiß sie, dass die Mutter die wichtigste Rolle beim körperlichen, seelischen und geistigen Wachstum des Kindes spielt.

Deshalb will sie das kleine Wesen auf perfekte Art lieben, ernähren und versorgen und ihm die gesündeste und angenehmste Umgebung bieten.« Zusätzlich musste die Frau schon damals eine gute Partnerin sein und sich um ihre Karriere, den Haushalt und den Freundeskreis kümmern.

Daran hat sich bis heute nichts geändert. »Das ist auch ein Grund, warum Frauen stärker darunter leiden«, sagt Marlene Kollmayer von der Universität Wien. Sie gehört zum wissenschaftlichen Team um Professorin Barbara Schober, die am Institut für Angewandte Psychologie über das Impostor-Phänomen forscht. »Während Männer sich seit Jahrhunderten auf ihren Job konzentrieren können, nach Hause kommen und ja, dann ist die Arbeit aber auch getan, müssen Frauen sich nicht nur im Job beweisen, sondern sie sollen auch noch eine tolle Mutter sein, eine leidenschaftliche Liebhaberin, bitte aber schön schlank und ein tolles Essen auf den Tisch bringen, außerdem viele weibliche Freundinnen haben, mit denen sie Party machen gehen und so weiter. Es gibt in Frauenleben ganz, ganz viele Anspruchsfelder, und man könnte für fast alle Felder Erfolgskriterien definieren.«

Vermutlich kennen alle Mütter und Väter den Horror der absoluten Ahnungslosigkeit. Zumindest beim ersten Kind. Dieses Gefühl von »Ich hab doch überhaupt keinen Schimmer! Was, wenn ich etwas kaputt mache? Ich bin darauf nicht vorbereitet!« Es ist ja auch krass. Von einem Tag auf den anderen ist man auf einmal Projektverantwortliche*r, ohne dass man wirklich Erfahrungen sammeln konnte. Und wenn man's vermasselt, ist das Kind verletzt oder schlimmstenfalls tot. Aber hey, kein Druck ... Irgendwann gewöhnen sich die meisten Menschen an diese Verantwortung. Es gibt allerdings auch Eltern, bei denen sich dieses Gefühl nicht abstellt. Das Magazin *Time* veröffentlichte 2016 in einer Titelgeschichte Zahlen zu Millennial-Eltern. Viele von ihnen fühlen sich als Eltern nicht gut genug – mehr als die Generationen vor ihnen. Millennials fühlen sich auch stärker verantwortlich für die Leistungen ihrer Kinder – oder für das Fehlen der Leistung. Sie wollen, dass ihre eigenen Eltern finden, dass sie einen guten Job machen. Mehr noch, sie wollen auch von anderen bestätigt bekommen, dass sie gute Eltern sind: von Freunden (52 Prozent) und dem weiteren Umfeld (45 Prozent).

Die Mütter scheint es besonders hart zu treffen. 2016 wurden in der jährlichen Studie einer Erziehungswebseite 2700 Mütter im Alter zwischen 18 und 44 Jahren befragt. Fast 80 Prozent der Mütter im Millennial-Alter gaben an, es sei ihnen wichtig, »die perfekte Mama« zu sein, im Gegensatz zu 70 Prozent der Mütter aus Generation X). 64 Prozent empfanden mehr Konkurrenz beim Elternsein heutzutage. Begriffe wie »Mama Impostor Syndrome« und »Parent Impostor Syndrome« schwirren durchs Internet, wo vor allem Mütter ihre Gefühle offenbaren. »Obwohl ich seit neun Jahren eine Mutter bin, fühle ich mich noch immer wie eine Hochstaplerin«, schreibt die amerikanische Autorin und Bloggerin Stephanie Sprenger. »Mein großes Geheimnis der letzten neun Jahre Erziehung: Ich hab total gefaked. Ich habe nicht die leiseste Ahnung, was ich hier tue.« Das ist der Tenor der Internet-Beichten, die sich mit den Schuldgefühlen auseinandersetzen, nicht die perfekte Mutter und in wenigen Fällen nicht der perfekte Vater zu sein.

Seit Jahren verschwimmen die Grenzen zwischen Beruf und Privatbereich. Fließende Arbeitszeiten, digitales Nomadentum, Arbeitsplätze, in denen man Kicker spielt, eine Küche, einen Schlafraum und Schaukeln hat. Man nimmt das Private in die Arbeit, und man nimmt die Arbeit nach Hause, man integriert sie ins Privatleben. Oder man macht eben das Privatleben zum Beruf wie Influencer*innen oder Mama-Bloggerinnen. »Zwischen beruflichem und privatem Bereich zu trennen, war lange Zeit richtig«, sagt Marlene Kollmayer in Bezug auf die wissenschaftliche Erforschung des Impostor-Phänomens. »Es ist aber keine Trennung, die in Stein gemeißelt ist. Sondern es geht ja darum, wofür diese Bereiche stehen. Ich glaube, es geht um Bereiche, in denen man so etwas haben kann wie Erfolg.« Interessant wird es hier beim Maßstab für den Erfolg, denn man hat keine so eindeutigen Kriterien wie Geld oder Position. »Es geht eigentlich nicht um eine Begrenzung auf den beruflichen Bereich, sondern auf Bereiche, in denen Leistung gefordert wird, quantifizierbare Leistung. Und wenn das dann im Privatleben auch so ist, dann kann man natürlich auch dort Impostor-Gefühle haben.« Um die Thematik näher zu beleuchten, hat Marlene Kollmayer gerade eine Masterarbeit vergeben, in der Impostor-Gefühle bei Eltern untersucht werden.

Joan C. Harvey hat in ihrem Buch die Bereiche beschrieben, in denen sie das Impostor-Phänomen beobachtete: »Sie erzählten mir, sie fühlten sich als Hochstapler in ihren Rollen als Freunde. Als Liebhaber. Als Ehepartner. Als Söhne und Töchter. Sie sagten, sie täuschten das Erwachsensein nur vor und wären in Wirklichkeit Kinder, die nur so taten, als wären sie erwachsen. Sie erlebten die Hochstapler-Gefühle in Bezug auf ihr Aussehen, ihre Sozialkompetenz, ihr Familienzugehörigkeitsgefühl, ihre Liebe zu anderen und ihren sozialen Status.«

Das Impostor-Phänomen betrifft also nicht nur Rollen wie »Mutter« oder »Vater«, sondern es kann genauso gut das Aussehen oder den Status betreffen. Und auch die sexuelle Identität. Wenn die gesellschaftliche Vorstellung von dem, wie man sich verhalten soll, nicht mit dem eigenen Gefühl und Erleben übereinstimmt, stellen sich Impostor-Menschen erst einmal selbst infrage, bevor sie herrschende Normen anzweifeln. Das wohl universellste Gefühl der Hochstapelei ist das Erwachsensein. Oder eher: das Erwachsensein zu spielen. Man kommt sich so vor, als würde man nur so tun, als wäre man erwachsen: Man trinkt Kaffee, geht in die Arbeit, zahlt Rechnungen. Doch in einem drin steckt das Kind, das überhaupt nicht checkt, was und vor allem warum man das tut. Stephanie Spender, die Autorin, sagt: »Ich bin durch den Großteil meines erwachsenen Lebens gesegelt wie ein Vorzeigeexemplar für das ›Impostor-Syndrom‹. Meine größte Angst ist, dass jemand herausfindet, dass ich keine Ahnung habe, was ich tue, als Erwachsene oder als Elternteil. Das ist zermürbend. Ich dachte, dass ich in meinem Alter nicht mehr von diesem konstanten Verdacht geplagt werden würde, dass mir irgendetwas fehlt, dass ich irgendetwas übersehe.«

Im Englischen hat sich für diese Tätigkeit des Erwachsenseins ein neues Wort herausgebildet: »Adulting«. Es gibt sogar Bücher darüber, wie das funktioniert. Aus dem Substantiv »adult« (Erwachsene/r) wurde einfach ein Verb gemacht: »to adult« ist aktiver als das deutsche »erwachsen sein«, so etwas wie »erwachsen tun«. Die Vorstellung, dass wir alle nur »erwachsen tun«, ist erheiternd. Nicht umsonst gibt es unzählige Memes zu diesem Thema. Sich über die eigene Ahnungslosigkeit lustig zu machen, ist ein gutes Mittel, um klarzukommen.

Stressiges Versteckspiel: Die Auswirkungen des Impostor-Phänomens

Viele Menschen können mit dem Impostor-Phänomen leben, weil es nur punktuell beziehungsweise phasenweise auftritt oder weil sie einen Weg gefunden haben, damit umzugehen. Bis zu einem gewissen Grad sind Gefühle der Hochstapelei ein Teil der menschlichen Erfahrung. Auch in der beruflichen Entwicklung ist das Auftreten von Impostor-Gefühlen absolut normal. Die Emotionen können sich verändern, wenn man erfahrener und älter wird. Es kommt auf die Intensität und die Dauer der Impostor-Erfahrung an, ob sie negative Auswirkungen hat. Und darauf, wie das Individuum damit umgeht.

Gesundheit

Wenn unser Gehirn Gefahr wittert, setzt es blitzschnell eine Reaktion in Gang: Die Herzfrequenz erhöht sich, der Blutdruck steigt, die Muskeln spannen sich an. Das alles wird hauptsächlich vom vegetativen Nervensystem gesteuert. Der Begriff dafür ist »Stress«. Es ist eine Reaktion, die nichts mit Überlegen oder Entscheidung zu tun hat, wir haben keinen Einfluss auf diese erste Reaktion.

Für unser (altes) Hirn spielt es keine Rolle, um welche Gefahr es sich handelt. Säbelzahntiger, Fallschirmsprung, Abschlussprüfung, Präsentation, völlig egal! Das Gehirn macht auch keinen Unterschied zwischen tatsächlichen und vorgestellten, also erdachten Gefahren – Bedrohung ist Bedrohung. Das bedeutet: Allein die Vorstellung, dass mit der Veröffentlichung meines Buches alle merken, dass ich eigentlich gar nicht schreiben kann, wird von meinem Hirn als enorme Bedrohung eingestuft. Denn damit stehen meine Reputation und somit auch mein Lebensunterhalt auf dem Spiel.

Sich wie ein*e Hochstapler*in zu fühlen und Angst vor Entdeckung zu haben, übersetzt das Gehirn als Gefahr. Die Reaktionsmöglichkeiten werden auch im alten Gehirn gegeben: Kampf, Flucht, Erstarren oder Furcht (Lähmung). Allesamt recht schlechte Bewältigungsstrategien für moderne Bedrohungen wie Klausuren, schwierige zwischenmenschliche Situationen oder die erwartete Enttarnung der eigenen Unfähigkeit. Im Gegensatz zur Situation mit dem Säbelzahntiger, in der Stress überlebensnotwendig ist und nachlässt, sobald die Bedrohung nicht mehr da ist, passiert in Situationen wie bei der permanenten Angst vor Entdeckung keine Auflösung. Das Gehirn kann keine Entwarnung geben, der Körper verharrt im angespannten Zustand.

Stress an sich ist nicht schädlich, wenn er nicht lange andauert. Wenn Stress aber nicht aufhört, spricht man von chronischem Stress. Es werden permanent Hormone wie Cortisol ausgeschüttet, die kurzfristig zwar stresslindernd sind, langfristig aber das Magen-Darm-System, das Herz-Kreislauf-System und das Immunsystem beeinträchtigen. Welche negativen Folgen anhaltender Stress auf unseren Körper hat, ist vielfach nachgewiesen worden. Aber jeder Mensch reagiert anders auf zu lange Stressphasen. Manche bekommen Magengeschwüre, bei anderen blüht die Neurodermitis auf, wieder andere merken es im Rücken. Zusätzlich wirkt sich chronischer Stress auch auf den Geist aus und schwächt die Konzentrations- und Lernfähigkeit und das Gedächtnis. Hinzu kommt, dass vom

Impostor-Phänomen betroffene Menschen zu Workaholismus neigen und Entspannung vernachlässigen. Das ist der perfekte Nährboden für einen Burnout.

Auch die psychischen Auswirkungen des Impostor-Phänomens können gravierend sein. Zahlreiche Studien haben gezeigt, dass das Impostor-Phänomen das psychische Wohlbefinden erheblich beeinträchtigt. Es kann zu Angstzuständen, Panikattacken und sogar zur Depression führen. Diese Ängste mit sich herumzutragen, hat auch eine emotionale Folge: Einsamkeit. Sich einsam zu fühlen, hat für die meisten Menschen schlimmere Auswirkungen, als gemobbt zu werden. Das Gefühl der Isolation aktiviert dieselben Hirnregionen wie körperliche Gewalt.

Privatleben

Pauline R. Clance hat zwei Arten der Auswirkung des Impostor-Phänomens im Privatleben unterschieden: »originär« und »indirekt«. Unter »originär« versteht man die Folgen des persönlichen Impostor-Phänomens. Wie sich das »Relationship Impostor Phänomenon« oder das »Mama Impostor Phänomenon« auswirkt, kann man aktuell noch nicht sagen. Das persönliche Impostor-Phänomen wurde bislang nicht ausreichend nachgewiesen, und zu dessen Auswirkungen gibt es keine Untersuchungen.

Mit »indirekt« ist gemeint, wenn sich das berufliche Impostor-Phänomen auf das Privatleben auswirkt. Wenn Menschen unter beruflichem IP leiden, wird das unwillkürlich ihre Beziehungen zu Familie und Freundeskreis beeinträchtigen. Diese Gefühle stellen sich ja nicht ab, sobald sie den Arbeitsplatz verlassen, und knipsen sich am nächsten Morgen wieder an, wenn sie das Büro betreten. »Wenn jemand mit einem IP-Opfer lebt, es liebt oder dessen enger Freund oder Kollege ist, wird dieser Mensch nach und nach dessen Impostor-Eigenschaften entdecken«, schreibt Clance in *The Impostor Phenomenon.* Das sorgt für Konfliktstoff. Zuerst hält man die Angst des IP-Menschen für berechtigt, leidet mit und versucht zu beruhigen und zu unterstützen. Wenn man jedoch merkt, dass sich die Situation laufend wiederholt und das Gegenüber die faktischen Beweise des eigenen Könnens ignoriert, ist das ärgerlich und unverständlich. Dass IP-Betroffene ihre Erfolge nicht feiern oder genießen können, ist auch für ihre Partner*innen schlimm, die sie mitfühlend und mitleidend auf dem Weg dahin begleitet haben. Sie empfinden sich in ihrer Meinung und Sichtweise nicht respektiert. Frustration, Resignation, Rückzug oder Trennung sind dann Kollateralschäden vom beruflichen IP.

Es gibt aber auch die Fälle, in denen die Nahestehenden nichts von den Impostor-Gefühlen ahnen. Trotzdem fühlen sie die unterschwellige Ängstlichkeit und den Druck, unter dem die vom Impostor-Phänomen betroffene Person leidet. So steht immer etwas zwischen den IP-Personen und ihren Partner*innen, Kindern oder Freund*innen, das für Distanzierung und auch für Missstimmung und Streit sorgen kann. Die IP-Person selbst meint, mit niemandem reden zu können, und bleibt mit ihrem Geheimnis allein. Sie fühlt sich ohnehin schon isoliert, aufgrund der Scham, ein*e Hochstapler*in zu sein und der Überzeugung, dass man mit diesem Gefühl allein ist.

Der Ausschlag auf der Impostor-Phänomen-Skala kann einen Hinweis darauf geben, wie man sich im Privatleben verhält. Eine Studie der Eastern Washington University zeigte 2015, dass Menschen mit höheren IP-Werten ihre Beziehungen als weniger stabil empfinden und mehr Angst vor Zurückweisung und Verlassenwerden haben als solche, die nicht davon betroffen sind. Das kann dazu führen, dass Beziehungen von diesen Angstgefühlen beeinträchtigt werden, oder dass die IP-Personen Beziehungen ganz vermeiden. Lebten diese Personen aber doch in einer Beziehung, fühlten sie sich wie Hochstapler.

Was die Work-Life-Balance betrifft, sieht es auch nicht besonders gut aus. Da Menschen mit beruflichem Impostor-Phänomen meist sehr viel Zeit mit Arbeit verbringen, haben sie weniger Freizeit, also weniger Zeit für Entspannung (siehe gesundheitliche Folgen), für Hobbys und Sport, und weniger Zeit für den Freund, die Ehefrau, die Kinder, den Freundeskreis, die Familie. Soziale Kontakte und Tätigkeiten werden oft vernachlässigt. Diejenigen, die ohnehin schon isoliert sind, verlieren noch mehr den menschlichen und sozialen Kontakt. Die wenige Zeit, die für Freunde und Familie bleibt, können sie oft nicht wirklich genießen. Das schlechte Gewissen plagt sie immer. Man müsste doch eigentlich arbeiten, anstatt sich zu amüsieren, man hat diese »Pause« eigentlich gar nicht verdient. Man ist also nie wirklich anwesend.

Karriere

Bisher galt das allgemeine Interesse vor allem den supererfolgreichen IP-Betroffenen. Das Verrückte ist aber: Das Auftreten des Impostor-Phänomens kann eine Person überhaupt erst zum Scheitern bringen. Sei es, dass sie unter dem Druck schlecht performt oder gar nicht erst antritt. Das lässt sich gut an akademischen Karrieren beobachten. Akademische Leistungen werden von bestimmten gesundheitlichen, emotionalen und motivatorischen Faktoren beeinträchtigt, die auch beim Impostor-Phänomen auftreten. Studien belegen beispielsweise, dass sich der Neurotizismus, der bei IP-Menschen stärker ausgeprägt ist, negativ auf Studienleistungen auswirkt. Die niedrige Selbstwirksamkeit, die mit dem IP einhergeht, hemmt die akademische Produktivität unmittelbar. Ebenso gibt es einen Zusammenhang zwischen der leistungsbezogenen Angst und der depressionsähnlichen Symptomatik mit verminderter akademischer Leistung. Andere Forschungen wiesen einen Zusammenhang mit Downshifting nach. Personen, die ein Impostor-Phänomen aufweisen, geben sich mit niedrigeren Karrierestufen zufrieden.

Die Forscher*innen um Professorin Barbara Schober von der Universität Wien untersuchen derzeit den Zusammenhang zwischen dem Impostor-Phänomen und der sogenannten Dropout-Rate in akademischen Karrieren von Frauen. Marlene Kollmayer dazu: »Unsere These ist ja, dass das Impostor-Phänomen ein Grund ist für den hohen Drop-out aus der Wissenschaft. So ließe sich auch erklären, warum man auf hohen Karrierestufen weniger Impostor-Phänomene findet als auf niedrigeren. Die sind dann ja alle schon weg. Nach dem Motto: ›Die Dissertation ist sich gerade noch ausgegangen, aber jetzt mache ich lieber nicht weiter und bewerbe mich um eine Professur, weil spätestens dann werden sie mir draufkommen.‹« Anhand einer repräsentativen Stichprobe von Wissenschaftler*innen verschiedener Karrierestufen will das Forschungsteam untersuchen, wie sich das Impostor-Phänomen auf die Karriereplanung, auf die Dropout-Intention und die Motivation zu forschen auswirkt.

Die negativen Einflüsse des IP kann man auch in anderen Bereichen erkennen. Die Wirtschaftspsychologin Mirjam Zanchetta von der Universität Salzburg forscht im Kreis um Professorin Eva Traut-Mattausch über das Impostor-Phänomen und dessen Auswirkungen auf Arbeitseinstellungen und Karriere. In einer Studie von 2016 wiesen sie nach, dass das Impostor-Phänomen dazu führt, dass Personen ihre Karriere nicht planen und keinen beruflichen Ehrgeiz entwickeln. »Diese Personen erbringen tolle Leistungen und werden für höhere Positionen vorgeschlagen. De facto sind sie ja Leistungsträger, sie nehmen es nur nicht wahr, weil sie denken, das war ja nur Zufall oder Glück. Dadurch können sie sich auch nicht darüber freuen. Es erzeugt nur größeren Druck, und das ist das Traurige, weil es dadurch nicht besser wird. Es kann sein, dass eine Erfolg versprechende junge Mitarbeiterin trotz Förderung keine Karriere macht, weil sie immer wieder auch Auswege suchen wird, die nächste höhere Aufgabe zu umgehen, weil sie denkt, sie ist nicht in der Lage, diese zu bewältigen.« Es kommt zu teilweise überraschenden Wendungen, Posten werden aus unerfindlichen Gründen abgelehnt, manchmal wird der Job gewechselt. »Sie nehmen sozusagen den Exit, bevor rauskommen könnte, dass sie vielleicht doch nicht so kompetent sind, wie sie nach außen hin wirken«, erklärt Zanchetta. Viele vom Impostor-Phänomen Betroffene bleiben also immer unter ihren Möglichkeiten. Sie verfolgen die Vermeidungsstrategie, übernehmen selten Herausforderungen, bewerben sich nicht auf bessere Positionen, nehmen Jobangebote nicht an, fragen nicht nach Gehaltserhöhungen, bringen sich eher nicht ein, gehen »auf Nummer sicher«. Oder sie fliegen immer unter dem Radar, indem sie permanent Jobs, Branchen oder Studienfächer wechseln.

Das Impostor-Phänomen kann Menschen aber auch zum Scheitern bringen. Die mit dem IP einhergehende Angst führt manchmal dazu, dass Menschen in Drucksituationen schlechter performen. Manche betreiben auch aktive Selbstsabotage, indem sie zum Beispiel nicht zu Meetings erscheinen und Drogen oder Alkohol zu sich nehmen. Der Zusammenhang von Impostor-Phänomen und Perfektion kann zu chronischem Prokrastinieren führen, das als »Self-Handicapping-Methode« gilt. Sie beenden nie ihre Projekte oder Arbeiten, damit sie nicht kritisiert werden können. All diese Verhaltensweisen sind auch mit Burnout und Depressionen assoziiert, was auch ein Weg ist, um die Karriere zumindest zu unterbrechen.

Unternehmen

Allmählich setzt sich die Erkenntnis durch, dass Erscheinungen wie das Impostor-Phänomen nicht nur individuelle Probleme einzelner Personen sind, sondern nicht zu unterschätzende Auswirkungen auch auf Unternehmen und Institutionen haben. Diese Personen sind »unrealized human potential«, nicht ausgeschöpftes menschliches Potenzial. Das ist nicht allein im kapitalistischen Sinne gemeint, obwohl natürlich auch die Produktivität unter Impostor-Aspekten wie Perfektionismus oder Prokrastination leidet. Und letzten Endes ist es auch ein Kostenfaktor. Wenn sich jemand so stresst, dass er oder sie am Ende ein Burnout bekommt und zwei Monate fehlt, tut er/sie weder sich noch der Firma einen Gefallen. Man könnte zwar meinen, IP-Betroffene seien die perfekten Arbeitskräfte, weil sie sich den Hintern abarbeiten, um ihre Tarnung aufrechtzuerhalten. »Kurzfristig gesehen sind das sicher tolle Mitarbeiterinnen und Mitarbeiter, weil sie herausragende Leistungen bringen«, so Mirjam Zanchetta. »Aber langfristig führen diese Ängste und Attributionen zu Depressionen, sozialen Angststörungen und anderen Folgen von psychologischem Distress. Auf lange Sicht gesehen, können das Mitarbeiter sein, die dann eben von Burnout oder Depressionen betroffen sind. Das ist, glaube ich, die Schwierigkeit.« Nicht nur das Wohlbefinden und die Gesundheit der Mitarbeiter*innen sind wichtig, auch die Atmosphäre am Arbeitsplatz. Denn IP-Personen grenzen sich eher im Team ab, zeigen weniger Eigeninitiative und identifizieren sich kaum mit dem Unternehmen. Aber es geht auch um Stimmen, die nicht gehört werden. Um fehlende Diversität. Um die tolle Idee, die man verpasst, weil die einzige Person, die sie hat, sich nicht traut, sie vorzubringen.

Teil 2

WARUM IST DAS SO?

Kapitel 3

HOCHDRUCKGEBIET: URSACHEN UND GEFAHREN DES IMPOSTOR-PHÄNOMENS

Warum fühle ich mich so?

Das Gefühl, etwas nicht zu können und nur so zu tun als ob, gehört untrennbar zur menschlichen Erfahrung und ist die Folge davon, dass man etwas nicht wirklich kann. Zum Beispiel, weil man es zum ersten Mal macht. Warum Menschen jedoch länger andauernde Phasen von Betrugsgefühlen durchleben oder unter einer permanenten latenten Angst leiden, nicht gut genug zu sein, kann nicht pauschal erklärt werden. Das Impostor-Phänomen kommt so häufig vor und hat eine derart individuelle Ausprägung, dass man nicht eine auf alle Betroffenen zutreffende Ursache ausmachen kann. Der Mensch ist ein komplexes System. Das Entstehen von Gefühlen, die Wechselwirkungen zwischen Außenwelt und Innenwelt, die gegenseitige Einflussnahme von Körper und Geist – alles ist miteinander verbunden. Deshalb gibt es meist nicht nur einen Grund für eine Verhaltensweise. Sigmund Freud erkannte das schon 1895. Im Zusammenhang mit Neurosen schrieb er, »dass deren Entstehung zumeist überdeterminiert ist, dass mehrere Momente zu dieser Wirkung zusammentreten müssen«. Man spricht gemeinhin von »Überdeterminierung« oder »Überdetermination«, wenn man einen Zustand nicht auf eine einfache Ursache zurückführen kann, sondern er sich aus verschiedenen, voneinander unabhängigen Ursachen ergibt, die sich gegenseitig beeinflussen.

Es ist eine der großen Fragen der Wissenschaft: Wer macht mich zu der/dem, die/der ich bin? Ist es die Natur oder die Kultur, also die Veranlagung oder die Prägung durch die Umwelt? Die »nature versus nurture«-Debatte ist so alt wie das Nachdenken über den Menschen. »Nature« steht für die Auffassung, dass die Natur bestimmend ist. Wer wir sind, wie wir fühlen und was wir tun, ist demnach größtenteils von der Information in unseren Genen und anderen biologischen Faktoren bestimmt. Das englische Wort »nurture« bedeutet erziehen, nähren, fördern, entwickeln. Dieses Konzept besagt, dass Merkmale, Fähigkeiten und Handlungsmuster vor allem durch die Umwelt und die Interaktion mit ihr entstehen. Man lernt also, auf eine bestimmte Weise zu sein, zu denken, zu fühlen und zu handeln. Früher wurde in einem »Entweder-Oder«-Diskurs erörtert, ob unsere Eigenschaften, Fähigkeiten, Verhaltensweisen angeboren sind oder durch den Einfluss unserer Umwelt bestimmt werden. Mittlerweile hat man viele Erkenntnisse gewonnen, die zeigen, dass beides der Fall ist. Mehr noch: Die beiden Bereiche beeinflussen sich gegenseitig. Forschungsgebiete wie Epigenetik beispielsweise beleuchten die Einflüsse der Umwelt auf die Gene des Menschen. Es geht also mehr darum: In welchem Maße werden Eigenschaften von biologischen Anlagen und von äußeren Einflüssen bestimmt, und inwieweit beeinflussen sich Anlage und Umwelt gegenseitig?

Bei der Entstehung des Impostor-Phänomens spielen Variablen aus unterschiedlichen Bereichen eine Rolle. Wir nennen sie hier: Veranlagung, Umfeld und Situation.

Veranlagung: Haben Sie das Zeug zur Pseudo-Hochstapelei?

Sind Sie introvertiert? Perfektionistisch? Ängstlich? Unsicher? Haben Sie ein schwaches Selbstwertgefühl, sind aber sehr ehrgeizig? Können Sie sogar mehrere dieser Eigenschaften für sich beanspruchen? Dann stehen Ihre Chancen auf Impostor-Gefühle ziemlich gut. In zahlreichen Studien wurden Zusammenhänge zwischen dem Impostor-Phänomen und folgenden charakterlichen Anlagen festgestellt: Perfektionismus, Neurotizismus, Introversion, allgemeine Ängstlichkeit, hohe Leistungsmotivation, geringe Selbstwertschätzung, Tendenz zur Depressivität, Versagensangst, Angst vor negativer Bewertung. Sie müssen aber nicht der kontaktscheue Außenseiter oder die kleinliche Pedantin sein. Man ist nicht entweder perfektionistisch oder nicht. Die Psychologie begreift Merkmale wie Perfektionismus als Kontinuum, als offene Skala. Wo wir in dieser Skala rangieren, zeigt unsere Ausprägung dieses Merkmals an. Wenn Menschen ähnlich perfektionistisch veranlagt sind, heißt das aber nicht, dass sie dieses Streben nach

Vollkommenheit automatisch gleich ausleben. Zudem muss man wissen: Unser Verständnis von »Perfektionismus« oder »Introvertiertheit« und den anderen Merkmalen ist nicht völlig deckungsgleich mit den Definitionen, die die Wissenschaft dafür hat ...

Perfektionismus

Perfektionismus war mal cool. Ein positiv besetzter Begriff, mit dem man sich beschrieb, um bescheiden und zugleich überdurchschnittlich zu wirken. Bis vor Kurzem noch rieten Karriereratgeber dazu, »Perfektionismus« anzugeben, sollte man bei Bewerbungsgesprächen nach seinen Schwächen gefragt werden. Weil das keine wirkliche Schwäche sei, sondern Gewissenhaftigkeit und hohe Ansprüche signalisiere. Mittlerweile weiß man, dass Perfektionismus sich negativ auf Gesundheit und Wohlbefinden auswirken kann: Stress, Ess- und Schlafstörungen, Burnout, Depressionen sind nur einige der Folgen. Diese Erkenntnis bedeutet aber nicht, dass weniger Menschen davon betroffen sind. Im Gegenteil. Perfektionismus ist gesellschaftlicher Konsens – und ein gesellschaftliches Problem. Der »deutsche Perfektionismus« wird aktuell für die unterschiedlichsten Dinge verantwortlich gemacht: Dafür, dass Deutschlands Wirtschaft digital und virtuell hinterherhinkt, dass sich hier Start-ups so schwertun und dass die Geburtenrate so niedrig ist, weil man auf den perfekten Zeitpunkt wartet (der nie kommt) und man sich von der Überzeugung, alles perfekt machen zu müssen, abschrecken lässt.

Das Streben nach Vervollkommnung ist nicht per se schlecht. Der Drang, sich zu verbessern, wohnt jedem Menschen inne. Man unterscheidet zwischen normalem (funktionalem) und neurotischem (dysfunktionalem) Perfektionismus. Menschen mit gesundem Perfektionismus möchten immer ihr Bestes geben und erwarten das auch von den anderen. Sie planen vorausschauend und organisieren gern, freuen sich über Erfolge, wissen aber, dass sie Fehler machen werden, und können damit leben. Solche Menschen sind sogar besonders genussfähig. Was Perfektionismus zu einer schädlichen Eigenschaft macht, ist der Umgang mit der unvermeidlichen Unvollkommenheit. Dysfunktionale Perfektionist*innen brauchen die Anerkennung anderer. Sie haben teilweise unrealistisch hohe Ansprüche und panische Angst davor, Fehler zu machen und zu versagen.

»Perfektionismus ist etwas völlig anderes als das Streben nach Perfektion«, schreibt der österreichische Psychiater und Neurowissenschaftler Raphael M. Bonelli in seinem Buch *Perfektionismus. Wenn das Soll zum Muss wird*: »Ein Perfektionist strebt Perfektion nicht an, weil er sich an der Vollkommenheit erfreut, sondern weil es ihm um die damit verbundene Unangreifbarkeit geht. Perfektionismus ist ein Vermeidungsverhalten: Wer perfekt arbeitet, kann weder getadelt, noch kann ihm gekündigt werden. Der Perfektionist will nicht in erster Linie die Natur zur Entfaltung bringen, sondern giert nach Sicherheit.«

Der neurotische, dysfunktionale Perfektionismus weist zwei Facetten auf: Die eine, das perfektionistische Streben, ist das Streben nach Vollkommenheit, das Setzen hoher Standards und der Drang, immer der/die Beste sein zu wollen. Die andere Facette, die perfektionistische Besorgnis, umreißt die übertriebene Fehlervermeidung, die Angst vor Bewertung, die

Zweifel an der eigenen Leistung, starke Selbstkritik, die panische Angst vor Liebesentzug bei Fehlleistung. Perfektionismus treibt viele Blüten und kann ausarten. Perfektionist*innen arbeiten zu viel, bereiten sich zu genau vor, verbringen zu viel Zeit mit unwichtigem Kleinkram, um ja alles »perfekt« zu machen. Sie kontrollieren alles exzessiv, manchmal doppelt und dreifach, und können nicht delegieren aus Angst, die Kontrolle zu verlieren. Sie betreiben übermäßige Organisation, planen bis ins kleinste Detail und beißen sich an Aufgaben fest, weil sie nicht wissen, wann sie aufhören sollen. Auf der anderen Seite führt dieser unglaublich hohe, eigentlich nicht zu erfüllende Anspruch an sich selbst zur Lähmung. Menschen mit Impostor-Phänomen haben oft Schwierigkeiten, sich zu entscheiden, meiden Situationen, in denen sie sich beweisen müssen und zögern alles hinaus. Dabei dient ihnen das Aufschieben, das Prokrastinieren, als Krücke: Am Ende hat man so viel Zeitdruck, dass man etwas liefern muss, das nicht perfekt ist – und wenn man versagt, dann war nur die ungenügende Vorbereitung schuld und nicht mangelndes Talent, wie man es insgeheim befürchtet. Über verschiedene Fragebögen findet man heraus, wo man auf der Perfektionismus-Skala liegt – und der Grat zwischen funktional und dysfunktional ist sehr schmal.

Für das Impostor-Phänomen spielt Perfektionismus eine zentrale Rolle. Manche Wissenschaftler*innen halten Perfektionismus gar für die Hauptursache des Impostor-Phänomens. Auf jeden Fall korreliert das Impostor-Phänomen stark mit Perfektionismus: IP-Betroffene wollen perfekt sein, um Anerkennung zu bekommen, setzen ungewöhnlich hohe Standards an sich selbst und versuchen, Fehler zu vermeiden, indem sie Situationen ausweichen, die ihre Imperfektion offenlegen könnten, zum Beispiel durch Aufschieben. Prokrastinieren zählt zu den sogenannten Self-Handicapping-Methoden. Der Unterschied ist jedoch, dass Impostor-Menschen im Gegensatz zu reinen Perfektionisten ein geringes Selbstwertgefühl haben und die eigenen fehlerhaften Leistung vor anderen zugeben: Sie erzählen, was am Projekt falsch lief und wo sie Fehler in der Prüfung gemacht haben.

Neurotizismus

Dieser Begriff ist ein Persönlichkeitsmerkmal, das dem Fünf-Faktor-Modell zufolge zu den fünf Hauptdimensionen (»Big Five«) gehört, mit denen man die Persönlichkeit eines Menschen beschreiben kann. Er beschreibt die emotionale Stabilität, also wie gut ein Mensch mit inneren und äußeren Anforderungen zurechtkommt – die Skala geht von ängstlich-labil bis selbstsicher-stabil. Facetten von Neurotizismus sind unter anderem fehlende Stressresistenz, Unzufriedenheit und Neigung zu Nervosität, Traurigkeit, Melancholie, Unsicherheit und Verlegenheit. Menschen mit hohem Neurotizismuswert sind nervös, haben eine geringe emotionale Kontrolle – das heißt, sie reagieren emotional –, sie neigen zu negativen Empfindungen und Gedanken und fühlen sich schnell verletzt, bedroht und gestresst. Sie klagen oft über körperliche Schmerzen, können mit Stress und hohem Druck schlecht umgehen und grübeln häufig über Ängste und Ärger. Sie sind sensibel und oft kreativer und empfindsamer als andere. Es gibt einen unleugbaren Zusammenhang zwischen Neurotizismus und dem Impostor-Phänomen, vor allem im Hinblick auf Angst, Depression und Gehemmtheit.

Introversion

Das Impostor-Phänomen hängt mit einer weiteren Persönlichkeitsdimension aus dem »Big Five«-Modell zusammen: dem Eigenschaftspaar Extraversion-Introversion, das beschreibt, wohin eine Person ihre Aufmerksamkeit richtet. Der Schweizer Psychoanalytiker Carl Gustav Jung benutzte 1910 in seinem Aufsatz »Über die Konflikte der kindlichen Seele« zum ersten Mal den Begriff »introvertiert« als Beschreibung dafür, wohin sich die Aufmerksamkeit bewegt: »nach innen, ins Subjekt gewendet«. In seinem berühmten Werk *Psychologische Typen* erklärte er 1921, dass bei Extroversion Wahrnehmung, Gefühle, Denken und Handeln, also die psychische Energie, nach außen gerichtet ist, bei der Introversion nach innen.

Das aktuelle Verständnis der Dimension basiert auf der Annahme, dass jeder Typ unterschiedliche Stimulation benötigt. Die sensibleren Introvertierten brauchen ein anderes Maß an Stimulation als Extrovertierte. Extrovertierte lieben direkte Erlebnisse mit Menschen und Dingen, das gibt ihnen Energie. Introversion hingegen richtet sich nach innen; Introvertierte bevorzugen daher die innere Welt der Gedanken, ihr Fokus richtet sich eher auf individuelle Geistesaktivitäten, auf die Bedeutung von Erlebnissen, und sie gewinnen daraus ihre Energie. Extrovertierte Menschen fühlen sich wohl in großen Menschengruppen, sind gesellig und expressiv. Ihnen fehlen innere Reize, die das kortikale Gehirn verlangt, und deshalb suchen sie im Außen nach Stimulation. Sie sind aktive, abenteuerlustige, eher unbedachte Typen, impulsiv und dominant. Introvertierte fühlen sich wohl in kleinen Gruppen mit Menschen, die sie kennen. Sie haben wenige Freundschaften, dafür sind diese sehr stabil. Die Stimulation beziehen sie aus ihrem Inneren.

Introvertierte sind gern allein. Informationen verarbeiten und interpretieren sie ausführlicher als Extrovertierte.

Zwar bieten extrovertierte Menschen oft eine bessere Performance im Job, jüngste Forschungen haben aber ergeben, dass sich unter Topmanager*innen überraschend viele introvertierte Persönlichkeiten befinden. »Jeder Mensch aber besitzt beide Mechanismen, sowohl den der Extroversion als auch den der Introversion, und nur das reine Überwiegen des einen oder des anderen macht den reinen Typus aus«, schreibt C. G. Jung. Es gibt also auch hier kein Entweder-Oder, es sind graduelle Abstufungen. Der Platz im Kontinuum zeigt, welchen Grad der Introvertiertheit oder Extrovertiertheit ein Mensch aufweist. Die Ausprägung kann sich auch je nach Situation ändern. Es gibt Introvertierte, die einen großen Freundeskreis haben oder auf beruflichen Events glänzen, weil sie sich das antrainiert haben. Es ist für sie vielleicht anstrengender als für eher extrovertierte Menschen, das heißt aber nicht, dass sie weniger genießen können.

Neuerdings ist der Begriff »ambivert« geprägt worden, um Menschen zu beschreiben, die weder eindeutig extrovertiert noch introvertiert sind, aber beide Persönlichkeitseigenschaften aufweisen. Den generellen Grad der Extroversion kann man durch Tests herausfinden. Je niedriger der Wert, desto introvertierter der Mensch – und desto höher die Wahrscheinlichkeit, dass ein Zusammenhang mit dem Impostor-Phänomen besteht.

Selbstwert

Das Selbstwertgefühl ist wie ein Kompass, mit dem wir uns durch das Leben navigieren. Es bestimmt, wie wir uns empfinden, was wir uns zutrauen, wie wir mit uns umgehen, sowie unser Verhältnis zu anderen Menschen und die Art und Weise, wie wir mit ihnen in Beziehung treten. Unter Selbstwert versteht man in der Psychologie die Bewertung der eigenen Person im Ganzen oder in Teilaspekten und zugleich die grundlegende Einstellung zu sich selbst. Die Bewertung wird als emotionale Komponente erfasst, weshalb man auch Selbstwertgefühl dazu sagt, obwohl es sich nicht ausschließlich um ein Gefühl handelt.

Informationen für die Bewertung der eigenen Person bekommen wir zunächst von unserer Umwelt. Unsere Eltern zum Beispiel vermitteln uns, wie sie uns finden. Dann beobachten wir uns selbst und vergleichen die Erkenntnisse mit bereits Gelerntem oder früheren Erfahrungen. Außerdem gleichen wir unser Selbstbild an anderen Personen ab. Wie wir nun die gewonnenen Informationen beurteilen, bestimmt unser Selbstwert. Man geht davon aus, dass es unterschiedliche Bereiche gibt, aus denen man Information für den Selbstwert generiert, zum Beispiel Karriere, Aussehen, Beziehung, Religiosität, soziale Fähigkeiten oder Anerkennung durch andere. Entscheidend ist, welchen Stellenwert man dem Bereich gibt und was als Referenz für die Vergleiche dient. So können zwei Marketingangestellte ganz unterschiedliche Selbstwertgefühle aus ihren Berufen ziehen, obwohl beide die gleiche Position bei gleicher Bezahlung im gleichen Unternehmen haben. Es kann sein, dass der eine Angestellte einen hohen Selbstwert hat, weil er mit seinem Job zufrieden ist, der ihm Sicherheit und genügend Freizeit bietet, um sich seiner Familie und seinen Hobbys zu widmen. Und dass der andere Angestellte eher einen niedrigen Selbstwert aus seinem Beruf bezieht, weil er der Ansicht ist, er müsste schon längst Abteilungsleiter sein, da er einer Unternehmerfamilie entstammt, in der alle immer eine Chefposition hatten.

Menschen mit niedrigem Selbstwert neigen zur Selbstkritik und sehen die Ursachen für ihr Scheitern immer bei sich selbst. Niedriger Selbstwert ist sowohl eine Ursache als auch ein Resultat von Misserfolgen. In der Psychologie unterscheidet man zwischen explizitem und implizitem Selbstwert. Als expliziten Selbstwert bezeichnet man das, was man bewusst über sich denkt, welches Bild man von sich hat. Unter implizitem Selbstwert versteht man die unterbewusste Selbstsicht, die tiefsten inneren Überzeugungen über den eigenen Wert. Die beiden Selbstsichten müssen nicht übereinstimmen; wenn sie sehr unterschiedlich sind, kommt es zu sogenannten Selbstwertdiskrepanzen. Die Messung des expliziten Selbstwerts beruht auf Selbstaussagen. Man legt Menschen Fragebögen vor, und sie müssen zum Beispiel ankreuzen, ob sie völlig, teilweise oder gar nicht mit Aussagen wie »Ich bin ein wertvoller Mensch« übereinstimmen.

Impliziten Selbstwert kann man nur indirekt erfassen. Mithilfe von Computeraufgaben versuchen Forscher*innen, an die unbewussten Kognitionen heranzukommen. Zuerst müssen Testpersonen bestimmte Zuordnungsregeln lernen. Sie schauen auf den Bildschirm, da taucht das Wort »gut« auf, und die Personen bekommen die Vorgabe: »Immer, wenn du ein Wort siehst, das die Konnotation ›gut‹ hat – zum Beispiel ›hell‹, ›schön‹, ›freundlich‹ –, drückst du die Taste F mit dem linken Zeigefinger, und das Wort wird in die linke obere Ecke des Bildschirms eingeordnet. Bei einem Wort mit schlechter Konnotation wie ›traurig‹, ›mies‹, ›Versagen‹, drückst du mit dem rechten Zeigefinger auf J, und das Wort hüpft in die rechte obere Ecke. Das machst du ein paarmal, dann hast du verinnerlicht, welche Taste zu drücken ist. Im zweiten Teil kommen die Personalpronomina in der ersten Person Singular dazu: ich, mein, mich, mir.

Zunächst sollst du die Taste F drücken und die Wörter damit in die linke obere Ecke schicken, wo schon die ›guten‹ Adjektive stehen. Danach machst du dasselbe mit der dritten Person Plural: sie, ihnen, ihr. Die sendest du in die rechte obere Ecke, wo die ›negativen‹ Adjektive stehen. Unterdessen kontrollieren die Forscher*innen, wie schnell du die Zuordnungsregeln lernst. Sobald du sie beherrschst, wechseln sie die Zuordnungen. Im dritten Durchgang musst du also alles genau andersherum machen: Die Ich-Wörter sollst du jetzt nach rechts zu den ›negativen‹ Adjektiven schicken.«

Dahinter steckt folgende Idee: Wenn Menschen sich selbst gut finden und mögen, wird es ihnen leichter fallen, die Zuordnungsregel »gut + ich« zu lernen. Wenn sie sich aber im tiefsten Inneren ablehnen und kein positives Selbstbild haben, dann wird ihnen die Zuordnungsregel »ich + schlecht« eher liegen. Bei diesem Durchgang werden sie schneller reagieren und auch weniger Fehler machen. Die Diskrepanz in der Geschwindigkeit und in der Anzahl der Fehler bildet die Basis für die Berechnungen der Wissenschaftler*innen.

Die meisten Studien zum Impostor-Phänomen stellen sehr negative Zusammenhänge zwischen dem IP-Wert und dem Selbstwert fest, das bedeutet: Menschen, die sich als Hochstapler*innen wahrnehmen, geben auch an, dass sie sich nicht mögen, sich nicht als wertvollen Menschen betrachten und ein Problem mit sich selbst haben. Die meisten Studien jedoch testen lediglich den expliziten Selbstwert.

Noch ungeklärt ist, ob geringes Selbstwertgefühl ein Grund für das Auftreten des Impostor-Phänomens ist, oder ob es als dessen Folge auftritt. Laut einer Studie der Universität Wien aus dem Jahr 2012 ist geringes Selbstwertgefühl an der Entstehung und Aufrechterhaltung der Merkmale des Impostor-Phänomens maßgeblich beteiligt. Sicher ist, dass die beiden Faktoren in starkem Maße zusammenhängen, was Studien seit Jahrzehnten immer wieder bestätigen.

Da fehlt leider was …

Die erwähnten Merkmale weisen einen starken Zusammenhang mit dem Impostor-Phänomen auf. Man kann aber die Wahrscheinlichkeit für Impostor-Gefühle auch durch das Fehlen von Eigenschaften bestimmen. Die »Big Five«-Dimension »Gewissenhaftigkeit« zeigt an, wie organisiert, selbstdiszipliniert, sorgfältig und zielstrebig eine Person ist. Immer wieder legen Studien dar, dass der Gewissenhaftigkeitswert bei Personen, die vom Impostor-Phänomen betroffen sind, sehr gering ausgeprägt ist, das bedeutet, dass solche Menschen undiszipliniert und unorganisiert sind. Dies ist zunächst verwirrend, denn man möchte doch meinen, dass gerade Gewissenhaftigkeit eine für sie typische Eigenschaft ist. Aber man muss auch bedenken: Die Werte stammen von Selbsteinschätzungen aus Fragebögen. Eine Interpretation lautet, dass vom Impostor-Phänomen Betroffene nur ihre Schwächen wahrnehmen wie fehlende Selbstdisziplin beim Prokrastinations-Arbeitssucht-Verhaltensmuster. Zudem scheint es ihnen tatsächlich an Zielstrebigkeit zu mangeln, wie neuere Ergebnisse aus den Studien zur Karriereplanung von solchen Menschen zeigen.

Woran es ihnen auch mangelt, ist Selbstwirksamkeit. »Selbstwirksamkeit ist ein ganz großes Ding in der Bildungspsychologie und in der Bildungsforschung«, erklärt Marlene Kollmayer von der Universität Wien. »Es ist die Überzeugung, dass man seine eigenen Fähigkeiten so einsetzen kann, dass sie zum Erfolg führen.« Das ist nicht dasselbe wie generelles Vertrauen in die eigenen Fähigkeiten – das würde man Fähigkeitsselbstkonzept nennen. Wenn eine Schülerin sagt »Ich bin gut in Deutsch«, hat sie ein gutes Fähigkeitsselbstkonzept in Deutsch. Wenn sie sagt »Ich traue mir zu, die nächste Deutsch-Schulaufgabe gut zu bewältigen«, hat sie eine hohe Selbstwirksamkeitserwartung – und vermutlich einen niedrigen IP-Wert. Denn, so das Ergebnis von Studien, niedrige Selbstwirksamkeit ist Impostor-Betroffenen gemein.

Umfeld: Horch, was kommt von draußen rein!

Ab Geburt prasseln Unmengen von Informationen auf uns ein (manche sagen sogar: ab Zeugung), aus denen wir unser Leben konstruieren. Wir werden von unseren Eltern beeinflusst, von Verwandten, Freund*innen, Lehrer*innen, Kolleg*innen, von Lebenspartner*innen und unserem Nachwuchs. Nicht zu unterschätzen ist die gesellschaftliche Prägung, die wir oft nicht einmal bewusst wahrnehmen. Doch unsere ersten Bezugspersonen nehmen eine besondere Stellung ein. Die Beziehung zu unseren Eltern prägt uns nachhaltig, in unseren Familien lernen wir Gefühle, Rollen, Konzepte und Strategien, die bestimmen, wie wir uns positionieren und zurechtfinden – innerhalb der Familie, in uns selbst und in der Welt.

Kindheit und Familie

Viele Wissenschaftler*innen sind der Ansicht, dass der Ursprung des Impostor-Phänomens in der Familie zu finden sei. Die Entdeckerinnen des Impostor-Phänomen, Pauline R. Clance und Suzanne A. Imes, führten in ihrer ersten Veröffentlichung das Entstehen des Impostor-Phänomens auf Erfahrungen in der Kindheit zurück, und zwar auf die Diskrepanz zwischen der Wahrnehmung des Kindes und den Informationen und Erwartungen von außen. In ihrer Forschungsarbeit fanden sie zwei Settings, die immer wieder auftauchten.

»Die Fehlbesetzung«: Im ersten Szenario geht es um die Rolle, die die betroffene Person als Kind innerhalb der Familie hatte. Vielmehr um die Rolle, die sie nicht hatte, nämlich die des intelligenten Kindes. Die war schon durch ein Geschwister oder andere nahe Verwandte besetzt, und besagte Person wurde vielleicht in die Rolle des sportlichen Kindes gedrängt. Vielleicht galt das Kind auch als »der Witzige« oder »die Einfühlsame«, »der Kreative« oder »die Soziale«. Dadurch entsteht für das Kind der Eindruck, dass es nicht so intelligent ist wie das Geschwisterkind. Dadurch entsteht eine Verunsicherung in dem Kind, weil es einerseits sein Selbstbild auf dieser Rollenzuschreibung aufbaut und andererseits eine eigenständige Persönlichkeit ist und beweisen möchte, dass es auch intelligent ist. Doch egal wie gut seine Leistungen sind, es wird insgeheim die eigene Intelligenz anzweifeln und anfangen, sich die guten Noten anders zu erklären, zum Beispiel damit, dass die Lehrer*innen es mögen, weil es so einfühlsam ist.

»Das Wunderkind«: In diesem Szenario halten die Eltern das Kind für sagenhaft begabt und vermitteln ihm, dass es alles erreichen könne, wenn es nur wolle. Oft geht das einher mit der Information, dass das Kind so intelligent ist, dass es ja gar nicht lernen muss. Kommt dann jedoch die unweigerliche Erfahrung eines Misserfolgs oder treten Schwierigkeiten auf, erlebt das Kind den Widerspruch zwischen dem Bild, das die Eltern vermitteln, und der eigenen Erfahrung. Es fängt an, an den Aussagen der Eltern zu zweifeln und sich selbst zu misstrauen, versucht aber, das Bild nach außen zu wahren, um niemanden zu enttäuschen, vor allem die Eltern nicht.

Clance und Imes schildern den Fall eines Mädchens, das seiner Mutter verheimlicht, dass es für die Schule lernt, weil die Mutter der Meinung ist, dass kluge Menschen nicht lernen müssen. Bei guten Noten stellt sich das Gefühl ein, betrogen zu haben, weil sie es nur durch Lernen geschafft hat, und den Erfolg nicht zu verdienen, weil sie in Wirklichkeit ja dumm ist. Die Informationen, die das Kind von den Eltern bekommt (es kann nur eine schlaue Person pro Familie geben; wirklich Intelligente müssen nicht lernen), und die Erwartungen, die unbewusst oder offen kommuniziert werden (verhalte dich rollenkonform; beweise deine Intelligenz), stehen im Widerspruch zu den Erfahrungen des Kindes oder zu seinen Wünschen. Die Diskrepanz zwischen der aufgezwungen Rolle und dem Selbstbild ist ein schmerzhafter Zustand, den die Psyche beheben möchte. Das Kind versucht also, diese beiden gegensätzlichen Informationsbatzen zu vereinigen, und entwickelt Strategien. Es wird übertrieben fleißig oder entwickelt einen selbstverleugnenden Anpassungswillen. Was bleibt, ist ein hohes Bedürfnis nach Bestätigung von außen.

Die Forschung der vergangenen vierzig Jahre liefert viele Erkenntnisse über den Zusammenhang zwischen Impostor-Phänomen und familiärem Umfeld, Familiendynamik und Erziehungsstil. Es ist erwiesen, dass das Impostor-Phänomen vermehrt in Familien auftritt, in denen es viele Konflikte, aber wenig Zusammenhalt und Nähe gibt, in denen man nicht richtig miteinander redet und seine Gefühle nicht ausdrücken kann. Wenn Eltern perfektionistisch veranlagt, sehr streng oder überprotektiv sind, schaffen sie ebenfalls einen Nährboden für Impostor-Gefühle. Ebenso können übermäßige Kontrolle und mangelnde Zuneigung der Eltern das Auftreten des Impostor-Phänomens begünstigen. Ein großer Risikofaktor ist die sogenannte Parentifikation oder Parentifizierung, wenn das Kind die Elternrolle übernimmt – sei es, weil es sich dazu verpflichtet fühlt, sei es, weil sie ihm zugewiesen wird. Das Kind muss eine Rolle einnehmen, der es nicht gewachsen ist, es stellt hohe Anforderungen an sich und trägt schwer an der Last der Verantwortung. Die Folgen für das Kind können gravierend sein – von der Entwicklung eines Impostor-Selbstkonzepts bis hin zu Depressionen. Auch andere Situationen, in denen ein Kind etwas anderes sein muss, als es ist, fördern das Entstehen des Phänomens.

Starke Leistungsorientierung und Impostor-Phänomen hängen zusammen, aber nicht jedes Kind aus einer leistungsorientierten Familie entwickelt Impostor-Gefühle. Man vermutet, dass die Art und Weise, in der Leistungsbotschaften an das Kind vermittelt werden, bestimmend ist. Die Kommunikation ist auch in anderen Hinsichten zentral: Kinder brauchen Anerkennung für ihre Leistungen und regelmäßige positive Bestätigung. Diese müssen aber konsistent sein. Wenn ein

Kind immer wieder für eine gute Note gelobt wird, aber die unbewussten Botschaften erhält, dass es doch eigentlich »der Sportliche« ist, fängt es an zu zweifeln. Verwirrende Botschaften unterstützen eine Entstehung des Impostor-Phänomens – und Botschaften können auf vielfältige Weise verwirrend sein.

Manche Eltern loben ihre Kinder beispielsweise nur für ihre Intelligenz, was Kinder dazu bringt, nur ja nicht dumm aussehen zu wollen, weil Intelligenz ihre einzige Quelle der Anerkennung ist. Einige legen extrem hohen Wert auf gute Noten, was Kindern das Gefühl gibt, dass alles andere egal ist und nur diese messbaren Geistesleistungen zählen. Andere loben ihre Kinder entweder gar nicht oder selten, was Kinder dazu verleitet, sich zu verbiegen, um die Eltern zu beeindrucken und dann die Anerkennung auf die verbogene Version von sich selbst zu beziehen. Und manche Eltern loben ihre Kinder für jede Kleinigkeit, was genauso ungünstig ist.

Gerade die Generation der Millennials ist besonders gefährdet, sich für Betrüger*innen zu halten. Das liegt auch an den Eltern dieser Generation. Millennials zählen zur sogenannten »Trophy Generation«, einer Generation, in der man nicht Leistung, sondern Teilnahme in den Vordergrund stellte. Bei einem Wettbewerb trugen alle den Sieg davon, jedes Kind bekam einen Preis, egal, ob es gut oder schlecht abgeschnitten hatte. So glaubte man, Selbstbewusstsein zu fördern. Gleichzeitig waren diese Kinder aber auch viel stärker der Kritik von ihren Eltern ausgesetzt. Der American Psychological Association zufolge wuchsen Millennials mit widersprüchlichen Botschaften von Lob und Kritik auf.

Heute scheint wirklich nur der gute Wille zu zählen. Kinder werden permanent gelobt, auch für die banalsten Sachen.

Wenn sie einen Bleistiftstrich auf einem Papier machen, heißt es: »Was für ein wunderschönes Bild, das hast du richtig super gemacht, Nepomuk!« Ein Sprung von einer kleinen Bank wird mit »Du bist ja eine richtige Artistin, Zoe!« bejubelt. Auf diese Weise bekommen Kinder vermittelt, dass alles, was sie tun, super ist. Dass es egal ist, ob sie sich anstrengen oder nicht. Sobald dann aber das erste Mal die Information kommt »ist aber nicht so gut«, ist das eine große Bedrohung für das Ego des Kindes – und das Szenario »Wunderkind« nimmt seinen Lauf. Zudem lernen Kinder so nicht, was ein wirkliches Kompliment ist. Nach dem Schock zu erkennen, dass sie doch nicht so gut sind, wie die Eltern immer behauptet haben, glauben sie nun keiner Bestätigung von außen mehr.

Gesellschaft

Die Angst, nicht gut genug zu sein, ist ein zentraler Aspekt des Impostor-Phänomens. Diese Angst rührt nicht nur von Interaktionen, Konstellationen und Botschaften der Herkunftsfamilie oder des persönlichen Umfelds her. Sie ist die Folge einer nicht mehr so sozialen Marktwirtschaft, eines globalisierten Wettbewerbs, einer Gier-Geiz-Mentalität, einer Mutation des Erfolgsbegriffs und einer digitalen Bewertungsmaschinerie. Es ist kein Wunder, dass so viele Menschen sich inkompetent vorkommen und so große Angst vor dem Scheitern haben. Man muss sich ja nur mal umschauen ...

Wir leben in einer Leistungsgesellschaft, hört man immer. Das stimmt aber gar nicht. Die Leistung an sich ist eigentlich gar nicht wichtig. Es ist nicht der Energieaufwand, der zählt, nicht das Arbeitsvolumen oder die gute Idee. Wenn das so wäre, würden wir ja alle mehr verdienen, da wir doch mehr arbeiten. Nein. Was zählt, ist Erfolg, das »dominierende Ordnungsprinzip unserer Gesellschaft«, wie die *Frankfurter Allgemeine Zeitung* schreibt. Erfolg soll sichtbar sein, und wir haben ihn speziell codiert. Er kommt als Diplom der Eliteuniversität, als Grad der Bekanntheit, als SUV, als Nobelpreis, als Follower-Anzahl, als Führungsposition und in Form vieler anderer Symbole, die eines gemeinsam haben: Man kann sie in Geld umrechnen. Erfolg war früher eine »angenehme, aber nicht ausschließlich angestrebte Begleiterscheinung« von Leistung. Mittlerweile gilt es als Leistung, Erfolg zu haben. Einfach nur gute Arbeit zu machen, reicht nicht mehr. Diese Atmosphäre nährt Versagensängste, denn bei diesem Konzept ist Scheitern keine Option. Die Idee des Scheiterns macht immer Angst. Nicht nur wegen des Schadens am Selbstbild. Misserfolge sind absolut negativ, man spricht vom Stigma des Scheiterns. Machen sich schlecht im Lebenslauf. Machen die Gescheiterten zu Versager*innen. »Gerade in individualistisch orientierten Gesellschaften stellt Scheitern eine Bedrohung des Selbstwertes dar«, schrieb der Hamburger Psychologe Olaf Morgenroth schon 2013 in *Die Zeit*: »Je mehr Leistung zum Kriterium für die soziale Rolle und das Selbstbild wird, desto gravierender ist ein Versagen.« Die Fehlertoleranz habe seit der Finanzkrise sogar noch abgenommen, heißt es in seinem Artikel.

Deshalb trauen sich die Deutschen auch nicht so viel. Nur etwa jede*r Zweite steht dem Scheitern positiv oder überwiegend positiv gegenüber, ergab eine Studie der Universität Hohenheim. Berufliche Misserfolge finden wir schlimmer als andere Fehlschläge. Im internationalen Vergleich schneidet

Deutschland richtig schlecht ab, wenn es um Unternehmensgründung und Innovation geht. Bei Gründungsfreundlichkeit, Unternehmergeist, Anzahl der Gründungen oder Innovationsoffenheit nimmt Deutschland immer einen unteren Platz ein. Nur bei der Angst zu versagen sind wir ganz groß. Von ihren Ängsten unbeeindruckt sind bei der Existenzgründung nur 41 Prozent. Wir haben keine Kultur des Scheiterns, auch wenn sie seit Jahren immer wieder lauthals gefordert wird.

»Der Arbeitsmarkt im ganzen europäischen Raum ist sehr angespannt, was dazu führt, dass es enger und umkämpfter wird, was sich wiederum negativ auf die Fehlerkultur auswirken kann«, erklärt die Wirtschafts- und Organisationspsychologin Mirjam Zanchetta von der Universität Salzburg. Die Fehlerkultur ist sehr viel strenger geworden. Während man früher länger Zeit hatte, um zu lernen und Fehler zu machen, wird heute aufs Tempo gedrückt. Menschen werden in Positionen gedrängt, in der sie keine Fehler zugeben können, sondern ein perfektes Erscheinungsbild als Leistungsträger nach außen vorzeigen müssen. »Wenn sich die Situation am Arbeitsmarkt verschärft, verstärkt sich auch das Konkurrenzdenken«, sagt die Bildungspsychologin Marlene Kollmayer. »Gerade in einem Konkurrenzsetting ist es natürlich total schwierig, Scheitern einzugestehen, selbst wenn wir mittlerweile alle wissen, dass wir aus Fehlern lernen und dass das ganz wichtig ist. Wenn aber dann jemand anderer neben einem steht, der den gleichen Job haben möchte, ist es natürlich nicht mehr so leicht.« Das geht selbstverständlich nicht nur uns so. In der Global Workforce Study 2016 mit über 31 000 Arbeitnehmern stand Jobsicherheit auf Nummer eins in der Prioritätenliste. Immer mehr Menschen haben Angst und fühlen sich unsicher. Die Folgen sind: Man arbeitet wie besessen, probiert nichts Neues, tauscht sich nicht aus, man vergleicht sich ständig mit anderen, die Angst wird zur ständigen Begleiterin. Ein super Rezept für ein schönes Impostor-Süppchen, garniert mit Isolation und Selbstzweifeln.

Digitaler Wahnsinn

Das wird jetzt niemanden verwundern: Neue Technologien, das Internet und soziale Medien verstärken die Tendenz und die Intensität von Impostor-Gefühlen. Ein Grund dafür ist der Druck mitzuhalten. In Bereichen, die sich schnell verändern, erhöht sich die Möglichkeit, sich wie ein*e Hochstapler*in zu fühlen. »Wenn man als Journalistin in den Bereichen Technologie, Wissenschaft und Medizin arbeitet, hat man das Gefühl, man schafft es nicht, auf dem Laufenden zu bleiben«, sagt die IP-Expertin Dr. Valerie Young. »Erschwerend kommt hinzu, dass sich durch die Technologie auch noch die Geräte, mit denen wir arbeiten und unsere Ansprüche ständig verändern. Kaum hat man sich an Geräte und Systeme gewöhnt, kommen bessere Geräte und Systeme. Kaum beherrscht man es gut, wird die Messlatte nach oben gesetzt.« In den bestehenden Berufen muss man sich auf neue Technologien einstellen, während woanders jedes Jahr neue Berufsbilder entstehen. Die Anforderungen verändern sich ständig, man muss immer up to date sein, immer schon wissen, wie es geht, ganz schnell Profi werden. Bei der aktuellen Schlagzahl mitzuhalten, ist anstrengend und verunsichernd.

Dann macht uns die Nutzung von sozialen Medien fertig. In einer englischen Onlinestudie mit rund 1500 Social-Media-

Nutzern sagten 62 Prozent, dass Facebook, Instagram, Twitter und Co. dafür sorgten, dass sie sich hässlich, nicht gut genug und neidisch fühlten. Durch den Konsum empfänden sie ihre eigenen Leistungen und ihr Leben als nicht gut genug und wären eifersüchtig auf das Leben anderer Menschen. Wir leben im Zeitalter der absoluten Vergleichbarkeit. Wir vergleichen uns nicht mehr nur mit dem Nachbarn, der Freundin, dem Bekannten oder der Arbeitskollegin. Wir vergleichen uns mit der ganzen Welt. Mit unseren Facebook-Freund*innen, mit Millionär*innen aus Dubai, Models aus Frankreich, Mamas aus Amerika, Entrepreneurs aus Schweden, mit der Herzogin von York.

Die im Dezember 2016 veröffentlichte Studie der University of Sheffield »Social Media Use and Children's Wellbeing« zeigte, dass Kinder, die mehr Zeit mit Social Media-Aktivitäten verbringen, unglücklicher sind – und zwar in fast allen Bereichen ihres Lebens. Je mehr auf Facebook, Snapchat, Instagram und WhatsApp gescrollt und gechattet wird, desto negativer sehen die Kinder ihre Schulleistungen, ihr Aussehen, ihre Familien und ihr Leben insgesamt. Allerdings entwickeln sie positivere Gefühle in Bezug auf ihre Freundschaften. Nur eine Stunde soziale Medien am Tag reicht, und schon verringert sich die Zufriedenheit mit dem eigenen Leben um 14 Prozent. Instagram erwies sich als die schädlichste Plattform für junge Leute, aber Snapchat, Facebook und Twitter waren auch nicht viel besser. Die Plattformen verschlimmern alles, vom Körpergefühl bis hin zu Bullying, sie sorgen für Schlafprobleme und Angstgefühle, Depression und Einsamkeit.

»Das Problem mit dem Vergleichen in Online-Medien ist, dass die Leute dazu neigen, sich in einem Idealisierten Zustand zu porträtieren«, kommentierte einer der Wissenschaftler Philip Powell. »Es gibt Belege dafür, dass man Menschen, denen man online folgt, für glücklicher als sich selbst hält, weil man eher Videos und Texte postet, die ein positives Image präsentieren.«

Auf den sozialen Netzwerken präsentieren sich die meisten aber in einer Rolle, in einer Ego-Galerie mit sorgsam kuratiertem Inhalt, der den 23. Selfieversuch kurz vor Mittag als #wokeuplikethis taggt. So wird die Latte außerordentlich hoch gehängt. Interessanterweise kam bei einer Studie der Universität Tel Aviv aus dem Jahr2017 heraus, dass User*innen sehr wohl wissen, dass das alles Fake ist, was sie auf Facebook sehen. Trotzdem fühlten sie sich schlecht. »Exzessives Vergleichen macht unglücklich«, erklärt Dr. Ohad Barzilay, einer der Autoren der Studie, im Wissenschaftspodcast Hidden Brain. »Man ist nicht der Annahme, dass die anderen glücklicher sind als man selbst, aber man muss sich immer und immer wieder vor sich selbst beweisen, und dieses permanente Vergleichen macht einen weniger glücklich.«

Auch das liest sich wie eine Anleitung zum Impostor-Sein. Und dass 90 Prozent aller 16- bis 24-Jährigen soziale Netzwerke nutzen und sich die Onlinezeit von Kindern zwischen 8 und 16 Jahren in den letzten zehn Jahren verdoppelt hat: Mehr als die Hälfte aller Kinder von drei und vier Jahren nutzen schon Tablets, eines von sieben hat sogar sein eigenes Gerät. Die Impostor-Epidemie steht unmittelbar vor der Tür.

Die Auswirkungen der Technologisierung und den Einfluss von Social Media auf unsere Psyche erforscht die Wissenschaft bereits. Aber was ist mit der Auswirkung der Auswirkung? Die Instagramisierung des Lebens nimmt teilweise groteske Formen an. Es gibt Menschen, die ihre Sitzpositionen oder ihren Freundeskreis für die mediale Präsentation arrangieren. Jeder kennt doch mindestens eine Person, deren Leben zwar auf Facebook, Instagram oder Snapchat wie ein Ponyhof aussieht, in IRL aber, also »in real life«, alles andere als #blessed ist. Pärchen posten Bilder aus dem Urlaub, auf denen sie happy aussehen, obwohl sie die ganzen zwei Wochen gestritten haben. Männer posten Bilder vom Joggen, Frauen vom Yoga, für deren Aufnahme sie genauso lang gebraucht haben wie für den Sport selbst. Hochstapeln ist einer der wichtigsten Marker von Social Media. Das zermürbt, auch wenn man selbst nicht kursiert. Es wirkt so, als würden die anderen total glücklich und fit sein, regelmäßig Sport machen, gesund essen, coole Sachen unternehmen und hippe Freunde haben, während man selbst seit Wochen keinen Sport mehr getrieben, sich die Hälfte der Zeit von Fertiggerichten ernährt hat und jeden Abend Netflix-Serien schaut. Obwohl man weiß, es ist alles Fake, brennt es sich irgendwie ins Unterbewusste. Und die Ego-Kurator*innen kommen sich wie Hochstapler*innen vor, denn das Bild, das die anderen von ihnen haben, stimmt nicht mit ihrer Realität und ihrem Gefühl von sich selbst überein. Zum einen natürlich, weil sie wirklich in eine Rolle geschlüpft sind. Sogar bei denen, die kaum ihr Erscheinungsbild »konstruieren«. Niemand ist so wie seine Social-Media-Persona, das ist auch schlichtweg nicht möglich. Zum anderen bekommt man eben durch den Akt der »Konstruktion« Zweifel an den authentischen Aspekten seiner selbst. Die Bilder, die mich zeigen, wenn ich glücklich bin, gut aussehe und Spaß habe, müssen nicht zwangsläufig gefakt sein. Sie zeigen nur einen Bruchteil von mir, während die hässlichen, traurigen, langweiligen Aspekte versteckt werden müssen.

Jetzt neu: Berufswunsch Impostor

Diese Diskrepanz zwischen Präsentations-Ich und wirklichem Ich muss sich noch krasser für die Menschen anfühlen, deren Job ihr Privatleben ist. Influencer*innen verdienen ihr Geld mit der Zurschaustellung des eigenen Lebens als Kulisse für Werbebeiträge. Das neue Berufsbild lässt sich grob in zwei Ansätze unterteilen: Es gibt die Social-Media-Bewohner, die nur das Gefühl von Privatheit und Intimität vermitteln, und solche, die sich völlig offenbaren. Die erste Gruppe macht Fotos und Videos in ihren Wohnungen und Häusern, jedoch kann man nie etwas wirklich erkennen. Wenn sie welche haben, posten sie ihre Haustiere, von ihren Kindern jedoch sieht man meistens nur einzelne Körperteile wie Hände oder Füße. Die zweite Gruppe legt ihr komplettes Privatleben offen, man sieht genau, wie und wo sie wohnen, sie zeigt ihre Familie, ihre Autos, ihre Kinder, ihren Freundeskreis. Bei Personen mit solchen Berufen betrifft ein etwaiges Impostor-Phänomen also das komplette Leben.

Neben Influencer*innen ist die Gruppe der Mama-Bloggerinnen mittlerweile ein nicht mehr zu übersehender Berufszweig in diesem Bereich geworden. Die Professionalisierung der Mutterrolle kann auch ein Auslöser für das Impostor-Phänomen sein. Der Satz »Mutter ist der schönste Beruf der Welt« hallt von den Blogs und aus den sozialen Netzwerken wider (Väter scheinen da noch nicht nachgezogen zu sein). Wenn man also das Muttersein tatsächlich als Beruf definiert und sich dazu in einer Position wiederfindet, in der man eine Art Expertenstatus erreicht hat, können Impostor-Gefühle einen beruflich und zugleich privat erfassen.

Situationen: Achtung, IP-Gefahr!

Die Forschung ist von Anfang an davon ausgegangen, dass das Impostor-Phänomen zwar seine Wurzeln im familiären Umfeld hat, dass es aber durch Faktoren getriggert oder verschlimmert wird. Die Psychologin Dr. Joan C. Harvey vermutete, dass dieses Phänomen damit zusammenhängt, »wie man sich in einer Rolle, die man einnimmt, fühlt«. Ihrer Ansicht nach nehmen wir viele unterschiedliche Rollen wie »die Professorin«, »der Sohn«, »das Paar«, »die Frau«, »der Experte« und so weiter ein, die jedoch größtenteils mit unserem Selbst übereinstimmen. Impostor-Gefühle kommen nach Harvey dann auf, wenn die Rolle zu weit entfernt vom Selbst ist, oder wenn wir neue Rollen annehmen und diese anfangs noch nicht richtig beherrschen. Andere Wissenschaftler*innen gehen davon aus, dass das Impostor-Phänomen nur in bestimmten Situationen auftritt.

Unbekannte Herausforderung

Das fällt in die Kategorie »kennen wir alle«. Wir beginnen unsere Ausbildungen, sind neu an einer Universität, fangen einen neuen Job an, gründen eine Firma, starten einen Blog, schreiben ein Buch ... alles, was wir zum ersten Mal machen, verursacht uns ein mulmiges Gefühl. Das Gehirn sendet uns Signale: Vorsicht! Unbekanntes Terrain! Pass auf! Wer weiß, ob es hier Säbelzahntiger gibt! Es ist gut, dass wir so fühlen, das macht uns »alert«, wir passen wirklich auf. Leider sind Situationen, in denen man sich beweisen muss, ohne die Koordinaten zu kennen, der Horror für IP-Gefährdete. So werden Selbstzweifel schnell zu Angstattacken. Eine Studie von 1984 zeigt, dass Studierende, die das Studium erst aufgenommen haben, höhere IP-Werte aufweisen als solche, die schon seit mehreren Jahren studieren. »Das Impostor-Phänomen scheint häufiger bei Menschen vorzukommen, die zu neuen Ufern aufbrechen«, sagte Suzanne A. Imes in einem Interview. Zusammen mit Pauline R. Clance sprach sie vom »Top Dog Factor«: Je mehr man sich an eine leistungsbezogene Anforderung gewöhnt und Routine entwickelt, desto seltener kommen die Impostor-Gefühle. Muss man jedoch eine neue Herausforderung annehmen, geht es von vorne los, weil man die bereits erreichten Erfolge nicht auf die eigenen Fähigkeiten bezieht. Auch andere Studien belegen stärkere Impostor-Gefühle bei neuen Aufgaben.

In der Minderheit

Das Impostor-Phänomen wurde besonders häufig festgestellt, wenn die betreffende Person einer Minderheit angehört: die einzige Frau in der Führungsebene eines Unternehmens, der einzige schwarze Medizinstudent im Jahrgang, die einzige bekennende Lesbe im Betrieb, der einzige Mann in der Ausbildung für Entbindungshelfer*innen/Hebammen ... Rasse, Geschlecht, sozialer Stand, sexuelle Orientierung oder ein anderes Merkmal – egal auf welche Weise man sich von der Mehrheit unterscheidet – können das Gefühl schüren, nicht rechtmäßig dort zu sein, wo man ist. Harvey bewies, dass Personen, die ihre Berufe als atypisch für ihr Geschlecht oder ihre Ethnie empfinden, sich mit hoher Wahrscheinlichkeit wie Hochstapler*innen fühlen werden.

Die Selbstzweifel von Minderheiten am eigenen Erfolg entstehen, gerade weil sie eine Ausnahme sind und annehmen oder nahegelegt bekommen, dass sie nur aufgrund einer Quote oder Ähnlichem zum Beispiel ihren Studienplatz haben. Die Zweifel kommen also nicht nur von innen, sondern werden ihnen auch von außen zugespielt. »Minderheiten erleben es viel eher«, schreibt die Softwareentwicklerin Alicia Liu in einem viel zitierten Blogartikel in Bezug auf ihr asiatisches Aussehen, »ihre Kompetenz wird permanent infrage gestellt, wohingegen Leute, die aussehen wie Mark Zuckerberg unbegründet für Programmier-Stars gehalten werden.« Dasselbe gilt auch für Frauen in dieser Branche: »Wir kommen nicht in den Genuss der permanenten Bestätigung unserer technischen Fähigkeiten. Frauen in der Technologiebranche werden eher ›getestet‹, um rauszufinden, ob sie ›richtige‹ Programmiererinnen sind.«

In einer Studie von 2011 empfanden afroamerikanische Doktorand*innen stärkere Impostor-Gefühle, wenn sie erfuhren, dass nur ein geringer Prozentsatz der Afroamerikaner einen Doktortitel hat. Eine Studie der Universität von Texas in Austin ermittelte 2013, dass von ethnischen Minderheiten an der Universität die Gruppe der Asian-Americans am häufigsten Impostor-Gefühle entwickelte. Treffen mehrere Merkmale aufeinander, verstärkt dies die Intensität des Impostor-Phänomens. Joyce M. Roche, die Autorin von *The Empress Has No Clothes*, erzählt von ihrer Zeit im Topmanagement: »Drei Dinge haben das Impostor-Syndrom bei mir getriggert. Als Farbige fragte ich mich, ob ich überhaupt genauso erfolgreich sein könnte wie meine weißen Kontrahenten.« Zusätzlich war sie die einzige Frau auf dem Management-Level, und sie kam aus einfachen Verhältnissen. Unterrepräsentierte Personen stehen nicht nur unter dem Druck, sich selbst zu beweisen, sondern sie repräsentieren auch ihre Gruppe: »die Frauen«, »die Asiatinnen«, »die LGBTQ-Community« (Lesbian, Gay, Bisexual, Transgender und Queer-Community), »die Ausländer«, »die Männer«. »Ich war die einzige weibliche Entwicklerin in fast jedem Team, und ich dachte, ich darf nichts Dummes sagen, weil ich ja auch mein Geschlecht repräsentiere.«

Identität und Krise

Herkunft, Nationalität, Ethnie und Rasse sind zentrale Kennzeichen von Identität, und obwohl man gerade über Letzteres stark diskutiert und sich fragt, ob es überhaupt so etwas gibt wie Rasse, so ist zumindest das soziale Konstrukt Rasse doch sehr real. So real, dass ich ab jetzt lieber den Ausdruck »Race« verwende, weil das im Deutschen nicht so negativ besetzt ist. Identität entsteht meist im Wechselspiel zwischen Ausgrenzung oder Miteinbeziehen, zum Beispiel anhand von Faktoren wie Aussehen, Geburtsort, Bräuche. Menschen mit Merkmalen mehrerer Identitäten kommen sich in allem wie Hochstapler*innen vor und fühlen sich nirgends so recht zugehörig. Sprache dient dabei als einer der wichtigsten Marker. »Ich kann nur Touristentürkisch«, scherzte meine Mitbewohnerin Elif während unserer Studienzeit gern. In der Heimat ihrer Eltern, der Türkei, bekam sie zu hören, wie deutsch sie doch sei, und in Deutschland war sie »die Türkin«. Im eigenen Land für eine Ausländerin und in der Heimat der Eltern für eine Touristin gehalten zu werden, kann ebenso am Selbstverständnis knabbern wie die Außenseiterrolle, die »multiracial«

Menschen in jeder der betreffenden Gruppen in ihrem Umfeld haben.

»Racial Impostor Syndrome« ist ein relativ neuer Begriff, der gerade erst exploriert wird und den der Podcast »Code Switch« zum ersten Mal einer breiteren Öffentlichkeit erklärt hat. Der »Code Switch« des öffentlichen US-Hörfunksenderverbunds NPR (National Public Radio) beschäftigt sich mit den Themen Ethnie, »Race« und Kultur. Im Juni 2017 erhielt die Redaktion eine E-Mail von Kristina Ogilvie. Ihr Vater ist Afro-Latino aus Panama und mit zwölf Jahren in die USA gekommen, ihre Mutter stammt aus Deutschland, wo die Familie die ersten Jahre gelebt hat. Als das Mädchen in der Mittelstufe war, zogen sie wieder in die USA. Kristina tat sich schwer, ihre Identität zu finden. An der Universität fiel ihr das besonders auf. Bei den schwarzen Studentenvereinigungen kam sie sich fehl am Platz vor, »ich fühlte mich fake«. Dann versuchte sie es bei den Latinas und traf ein paar Frauen, die echte Freundinnen wurden, aber in der Community fand sie keine Heimat. Das bisschen Spanisch, das sie spricht, kennt sie von Songtexten. Sich zwischen ihren verschiedenen Identitäten zu bewegen, ist für sie, »wie bei Dunkelheit durch einen Wald zu stolpern«, und sie fragte sich: »Es kann doch nicht sein, dass ich die Einzige mit ›Racial Impostor Syndrome‹ bin. Fühlen sich denn auch andere Zuhörer*innen wie Fakes?« Die Redaktion gab die Frage an das Publikum weiter. Die Antworten kamen prompt und zahlreich.

Hunderte von E-Mails dokumentierten die Gefühle von Menschen, die sich in jeder ihrer Sprachen, Kulturen und sogar Hautfarbe wie Schwindler*innen vorkommen. »Weiße halten mich lieber für weiß. Ich glaube, das macht es für sie einfacher«, schreibt eine hellhäutige »biracial« Frau aus Kalifornien und erzählt, dass es mit Schwarzen noch schwieriger sei. »Sie haben mehr Anspruch auf ›blackness‹, als ich es jemals haben werde, und deshalb können sie mir sagen, dass ich nicht dazugehöre, dass ich nicht genug bin, dass ich auf der weißen Seite der Identitätslinie bleiben soll.« Soziale Identitäten sind das Spezialgebiet von Dr. Sarah Gaither, der Leiterin des »Identity & Diversity Lab« am Institut für Psychologie und Neurowissenschaft der Duke University. »Wir alle haben ein Grundbedürfnis nach Gruppenzugehörigkeit, und wenn eine multiracial Person in jedem Lebensbereich permanent darum ringen muss, ob sie jetzt weiß genug oder schwarz genug oder asiatisch genug oder latino genug ist, dann erzeugt das ein Gefühl von Impostor-Syndrom«, sagt die Sozialpsychologin, die selbst »biracial« ist. »Ich selbst habe immer ein Familienfoto in meinem Geldbeutel dabei, um Leuten beweisen zu können, dass ich einen schwarzen Vater habe.« Solche Erfahrungen, die die Menschen teilweise täglich machen, erzeugen das Gefühl, irgendwie ein*e Hochstapler*in zu sein. Unter allen ethnischen Gruppen erleiden Personen, die »multiracial« sind, die stärkste Ausgrenzung, was sich in dem Wohlbefinden und der psychischen Gesundheit dieser Bevölkerungsgruppe widerspiegelt.

Gender ist ein weiterer Marker von Identität. Es ist immer dasselbe: Wenn die gesellschaftliche Vorstellung von dem, wie man sich verhalten soll, nicht mit dem eigenen Gefühl und Erleben übereinstimmt, stellen sich Impostor-Menschen erst einmal selbst infrage, bevor sie herrschende Normen anzweifeln. »Ich bin bi«, schreibt die junge kanadische Autorin Heidi Belleau in einem Blogartikel. »Seit der Schule weiß ich, dass ich mich nicht nur zu einem Geschlecht hingezogen fühle und nachdem ich das Wort ›bisexuell‹ hörte, identifizierte ich mich so. Und trotzdem nannte ich mich für eine kurze Zeit während des Colleges ›hetero‹. Warum? Weil ich nie in einer längeren Beziehung mit einer Frau war, so wie ich das mit Männern war. Mich bi zu nennen, kam mir vor wie eine Lüge.«

Pionierarbeit

Unterrepräsentiert zu sein verstärkt also nachweislich das Gefühl, nicht dazuzugehören und kein Anrecht auf den Erfolg zu haben. Das gilt vor allem dann, wenn man die Anfänge einer Entwicklung mitbestimmt, also die erste Frau im Vorstand des Unternehmens, der erste schwarze Verbandsvorsitzende und so weiter.

Aus diesem Grund lehnte die amerikanische Regisseurin Patty Jenkins viele Filmprojekte ab, nachdem sie mit ihrem Indie-Film *Monster* 2013 bekannt wurde. Unter anderem die Großproduktion *Thor: The Dark World* des Comic-Giganten Marvel, die sie für ein problematisches Projekt hielt: »Ich dachte, ›wenn ich das jetzt annehme, dann erweise ich den Frauen einen schlechten Dienst‹«, wird sie in der Titelgeschichte von *The Hollywood Reporter* im Mai 2017 zitiert. »Wenn das mit einem Mann (als Regisseur) passiert, ist es bloß ein weiterer Fehler des Filmstudios. Aber bei mir wird es so aussehen, als ob ich im entscheidenden Moment versagt habe, und das wäre eine sehr schlechte Botschaft. Aus diesem Grund war ich immer sehr vorsichtig, welche Projekte ich annehme.« Vierzehn Jahre nach ihrem letzten Film, für den die Hauptdarstellerin Charlize Theron den Oscar gewann, kam das Filmprojekt *Wonder Woman*, und Patty Jenkins wurde die erste Frau, die bei einem Film dieses Budgets Regie führte, die erste Frau, die bei einem Superheldinnen-Film Regie führte und der erste Mensch, der überhaupt einen Film über »Wonder Woman« drehte.

Die Zweifel an der eigenen Kompetenz sind nicht nur innerlich begründet, sie werden allen Pionier*innen und Minderheiten von außen suggeriert. Die eigene Titelgeschichte kündigte *The Hollywood Reporter* auf Twitter folgendermaßen an: »#WonderWoman: Warner Bros. risikiert 150 Millionen Dollar mit einer Filmemacherin, deren einzige vorherige Big-Screen-Erfahrung ein 8-Millionen-Dollar-Indiefilm war.« Auf den ersten Blick ist gegen diese Aussage nichts einzuwenden. Es ist keine Seltenheit, dass so etwas passiert. Immer wieder setzen Filmstudios auf Regisseure, die noch keinen großen Film gedreht haben. Nur waren das eben Männer wie Marc Webb, der 2009 den Film *500 Days of Summer* mit einem Budget von 7,5 Millionen Dollar drehte und dann 2012 als Regisseur von *The Amazing Spider-Man* ein Budget von 230 Millionen Dollar zur Verfügung hatte. Bei ihnen sprach niemand von Risiko.

Traditionsbrecher*innen

Als Pionier*innen gelten auch Menschen, die innerhalb ihrer Familiengeschichte die Ersten sind oder einfach etwas völlig anderes machen als ihre Eltern: die Ersten, die studieren, die Ersten, die ein sechsstelliges Jahresgehalt bekommen, die Jurastudent*innen mit den Künstlereltern, die Start-up-Gründer*innen, deren Väter vierzig Jahre bei Siemens angestellt waren. Auch das kann zu erheblichen Zweifeln führen und ein Auslöser für das Impostor-Phänomen sein. Die meisten Menschen haben Selbstzweifel, wenn sie neuen Herausforderungen gegenüberstehen. So lassen sich beispielsweise Impostor-Gefühle verstärkt bei Studierenden feststellen, die aus der Arbeiterklasse stammen. Es ist nicht unbedingt die Überzeugung, dass man nicht die intellektuellen Fähigkeiten für die Universität besitzt, sondern die Tatsache, dass man in einem Umfeld bestehen muss, dessen Regeln und Codes man nicht kennt, und dass die neue Umgebung lange von einer Klasse besetzt war, die man gesellschaftlich als wertvoller einstufte. Die Betroffenen bewegen sich zwischen diesen beiden Welten und müssen damit zurechtkommen, dass sie sich im neuen Umfeld nicht zugehörig und verunsichert fühlen, während sie zu ihrem alten Umfeld eine immer größere Distanz aufbauen.

Die junge Medizinstudentin Lena beschreibt im Onlinemagazin *ze.tt*, wie sie sich im ersten Semester immer wieder bewusst wurde, dass sie anders war als die meisten ihrer Kommiliton*innen und dass ihr der Halt fehlte, den sie zu haben schien. »Gleichzeitig merke ich, wie ich mich von dem Milieu meiner Herkunft entferne. ›Was nimmst du denn für Wörter in den Mund?‹, fragt mein Vater überrascht, weil ich in einem Gespräch ›Kausalität‹ gesagt hatte. Selten treffe ich bei Geburtstagsfeiern noch alte Freund*innen, fast alle von ihnen machen Berufsausbildungen.«

Angriff und Sabotage

Das beste Selbstbewusstsein nützt nichts, wenn man ständig als Fake betitelt wird und sich immer wieder anhören muss, dass man das, was man macht, unmöglich allein gemacht haben kann. Dass man nur so tut als ob. Dass man nichts verloren hat in diesem Bereich. Ein erschütterndes Beispiel hierfür sind die Berichte aus Bereichen wie der Gaming- oder der IT-Branche. Hauptsächlich von weißen Männern dominiert, herrscht hier oft eine Feindseligkeit gegen Frauen oder »People of Color« (Menschen, die in der Gesellschaft als nicht-weiß angesehen werden und sich wegen ethnischer und/oder rassistischer Zuschreibungen ausgegrenzt fühlen), die trotz der Zukunftsgewandtheit unglaublich rückständig ist. Wenn Game-Entwicklerinnen als »Fake Geek Girls« bezeichnet werden, ist das noch harmlos.

Gewiss gibt es Menschen, die auf ständiges Aburteilen und Negieren ihrer Fähigkeiten, auf Respektlosigkeiten und Beschimpfungen mit einem herzhaften »jetzt erst recht« reagieren. Man muss jedoch sehr abgehärtet sein, um sich diese Kritik nicht zu Herzen zu nehmen. Abgesehen davon ist es erschöpfend, und darum geben nicht wenige Frauen irgendwann auf. Auch Vorgesetzte und Lehrkräfte, also Menschen, vor denen wir Respekt haben und denen wir eine Expertise zusprechen, haben eine große Macht. Wenn wir von ihnen die Botschaft bekommen, dass wir nicht gut oder nicht gut genug sind, oder dass wir hier nichts verloren haben, ist das verheerend und ein absoluter Auslöser für Impostor-Gefühle.

Test- und Bewertungssituationen

Schüler*innen und Student*innen werden permanent bewertet. In der Kunst, der Literatur und der Presse ist es nicht anders. Journalist*innen erleben regelmäßig Feedback in der

Blattkritik, bei der vor versammelter Mannschaft nicht nur die Publikation als solche, sondern auch einzelne Geschichten regelrecht auseinandergenommen werden. Es besteht ein Zusammenhang zwischen dem Impostor-Wert und der Leistungsevaluation, die auch als Ursache für Selbstzweifel gilt. Pauline R. Clance hielt schon Mitte der 1980er-Jahre die regelmäßige Überprüfung und Bewertung der Leistungen von Studierenden als ursächlich für die hohen Ausprägungen des Impostor-Phänomens in dieser Gruppe. »Recht schnell habe ich herausgefunden, dass Oxford die Heimat des ›Impostor-Syndroms‹, des ›Hochstapler-Syndroms‹ ist«, schreibt die Studentin Theresa Parstorfer in der *Süddeutschen Zeitung*. »Ein nicht geringer Anteil der Leute hier denkt, er sei zuallererst nicht gut genug, um überhaupt einen Platz an dieser Uni verdient zu haben. In einem zweiten, logischen Schritt sind wir davon überzeugt, ›hoffnungslos unterqualifiziert‹ zu sein für jeden potenziellen Beruf, den wir gern ausüben würden, wenn wir das Studium abgeschlossen haben werden.«

Kreativität und Kunst

Insbesondere im künstlerischen und schriftstellerischen Bereich scheint das Impostor-Phänomen in hohem Ausmaß vorzukommen. In ihrer Autobiografie schrieb Agatha Christie: »Ich weiß nicht, ob jeder Autor das fühlt, aber ich glaube, ziemlich viele fühlen es – dass man so tut, als wäre man jemand anderes. Sogar heute noch fühle ich mich nicht so richtig wie eine Autorin.« Von Jonathan Safran Foer bis John Steinbeck, von Lupita Nyong'o bis Meryl Streep, von Tina Fey bis Lena Dunham – Impostor-Gefühle überkommen Menschen, die einen Beruf haben, der stets neue Leistungsanforderungen und unbekannte Projekte mit sich bringt. Selbstkritik ist ein Arbeitstool, das für das Schaffen essenziell ist, aber sie setzen sich auch der Kritik anderer in einem Maße aus, das wenige Menschen kennen. Und weil das Selbst immer ins Schaffen mit einfließt, kann Kritik am Werk auch als Kritik am Selbst empfunden werden. Hinzu kommt die Schwierigkeit der Bewertung von Kunst. »Ich bin kein Schriftsteller«, schrieb John Steinbeck 1938 in sein Tagebuch, »ich habe mir selbst und allen anderen etwas vorgemacht.«

Ein Sonderfall: Impostor-Phänomen als Strategie

Können Sie sich noch an den Mitschüler erinnern, der immer gesagt hat, er hätte gar nicht gelernt und dann beim Ausfragen eine glatte Eins bekam? Oder an die Kommilitonin, die nach jeder Prüfung behauptet hat, keine ihrer Antworten stimme, und sie werde garantiert durchfallen, und die dann ein Prädikatsexamen gemacht hat? Oder kennen Sie den Kollegen, der in Konferenzen immer anfängt mit »Ich irre mich bestimmt, aber« und dann einen megaversierten Beitrag liefert? Es kann sein, dass es sich bei diesen drei nervigen Leuten um »strategic impostors«, »strategische Hochstapler« handelt.

Im Jahr 2000 führten amerikanische Wissenschaftler*innen eine Studie mit vom Impostor-Phänomen betroffenen Personen durch. Sie sollten einschätzen, wie sie in einem bevorstehenden Test ihrer intellektuellen und sozialen Fähigkeiten abschneiden würden. Es wurde ihnen gesagt, dass jemand von der Forschungsgruppe später ihre Ergebnisse mit ihnen besprechen würde. Einmal sollten sie die Selbsteinschätzungen öffentlich abgeben, das andere Mal anonym. Und es gab tatsächlich einen Teil der Versuchspersonen, die ihre Leistungen vor anderen Leuten schlecht einschätzten, aber als sie dachten, dass ihre Antwort anonym war, die eigenen Leistungen als gut einschätzten. Daraus folgerten die Wissenschaftler*innen, dass diese Gruppe aus Hochstapler*innen bestand und Selbstzerfleischung als soziale Strategie – bewusst oder unbewusst – anwandte. »Vor allem, wenn sie denken, dass sie die Erwartungen der anderen nicht erfüllen können, werden sie diese Selbsteinschätzung anwenden«, wird Mark Leary aus der Forschungsgruppe zitiert. »So verringern sie die Erwartungen der anderen – und gelten auch noch als bescheiden.« Es konnte nicht bewiesen werden, dass es zwei Arten von Impostor-Typen gibt, nämlich die echten und die strategischen, aber die Studie erlaubte, Anhaltspunkte für die strategische Natur des Impostor-Phänomens zu finden und den Impostorismus teilweise als Selbstpräsentationsverhalten zu klassifizieren, das den Zweck hat, Misserfolge abzufedern.

Diese Vermutung wurde einige Jahre später in einer Studie der Rowan University in Glassboro, New Jersey, bestätigt. Impostorismus, so fanden die Forscherinnen Rory O'Brien McElwee und Tricia Yurak heraus, ist eher eine Strategie der Selbstpräsentation als ein Persönlichkeitsmerkmal. Sich selbst als Hochstapler*in darzubieten, würde die Erwartungen und den Leistungsdruck vermindern, jedoch nur, solange diese Selbstzerfleischung nicht zu weit ginge. »Zu sagen, man habe sich vor einer Prüfung betrunken, oder es tatsächlich zu tun, das ist ein Unterschied«, erklärte McElwee in einem Interview mit der *New York Times.* »Das eine liefert eine Ausrede, das andere ist selbstzerstörerisch.«

Im Jahr 2015 stieß Myriam Bechtoldt bei einer Studie zum Impostor-Phänomen bei Manager*innen auf eine seltsame Entdeckung: Je höher der IP-Wert bei Führungspersonen war, desto eher delegierten sie anspruchsvolle Aufgaben genauso wie Routineaufgaben an Mitarbeiter*innen, die ebenfalls Impostor-Merkmale aufwiesen. Der Logik des Impostor-Phänomens folgend, gaben also Menschen, die sich für inkompetent hielten, wichtige Aufgaben an Untergebene, die sich ebenfalls für eher inkompetent hielten, weiter. »Dass Vorgesetzte anspruchsvolle Aufgaben an Mitarbeiter delegieren, die Selbstzweifel hegen, ließ für mich den Rückschluss zu, dass sie diesen Mitarbeitern mehr zutrauten als diese sich selbst – und dass im Umkehrschluss auch das Selbstbild der Vorgesetzten so negativ nicht sein kann«, so Bechtoldt. »Wenn ich mich wirklich für einen Komplettversager halte, dann sollte ich anspruchsvolle Aufgaben eher nicht an Mitarbeiter delegieren, die ich als mir ähnlich wahrnehme. Denn sonst riskiere ich ja meinen eigenen Job.«

Der Versuchsaufbau sah so aus: Zuerst wurden die IP-Werte der Manager*innen gemessen, dann sollten sie fiktive Aufgaben an fiktive Mitarbeiter*innen verteilen. Die Hälfte der Aufgaben war organisatorischer Natur – Routineaufgaben wie etwa ein Treffen zu organisieren oder eine Mailingliste zusammenzustellen. Die andere Hälfte umfasste verantwortungsvolle und herausfordernde Aufgaben, wie eine wichtige Präsentation zu erstellen oder ein Mission-Statement zu entwickeln. Als Mitarbeiter*innen wurden vier Personen beschrieben. Alle sehr kompetent, fähig und hungrig darauf, sich zu beweisen. Eine Frau und ein Mann wurden als selbstbewusst beschrieben; die zweite Frau und der zweite Mann wurden so geschildert, dass man merkte, dass sie insgeheim ihre eigenen Fähigkeiten anzweifelten. Dann sollten die Führungspersonen delegieren. Das Ergebnis war erstaunlich: Diejenigen, die selbst unsicher über ihre eigenen Fähigkeiten waren, delegierten Aufgaben an jene, die ebenfalls unsicher waren – und zwar sowohl die einfachen als auch die schwierigen Aufgaben. Myriam Bechtoldt nahm an, dass es mit dem Selbstbild dieser Personen zusammenhing, dass sich in den Kandiat*innen spiegelt. In deren Unsicherheit sehen sie sich selbst und wissen, worauf sie sich einlassen, wenn sie ihnen die Aufgaben geben, auch wenn selbstbewusstere Mitarbeiter*innen eine sichere Bank wären. Vielleicht wollen sie aber die unsicheren Menschen fördern.

Aber die Erklärung ging nicht ganz auf. Warum sollten Menschen das tun, wenn sie sich doch für Versager*innen hielten? Bechtoldt ging der Frage nach. Zusammen mit der Professorin Sonja Rohrmann und der Diplompsychologin Mona Leonhardt von der Fakultät für Differentielle Psychologie und Psychologische Diagnostik der Goethe-Universität Frankfurt führte sie zunächst eine weitere Studie zum Impostor-Phänomen bei Manager*innen durch. Sie wollten wissen, ob und wie das Impostor-Phänomen bei Menschen in Führungspositionen auftritt, und ob es ein eigenständiges Konstrukt ist. Die Studie bestätigte die Validität des Phänomens. In ihrer Veröffentlichung schrieben die Wissenschaftlerinnen, es sei ein »dysfunktionaler Persönlichkeitsstil«. Dennoch vermuteten sie, dass dieser Stil eine wirksame Strategie sein könnte. Deshalb konzipierten sie im Anschluss eine weitere Studie mit

Führungskräften. Ihre Erkenntnisse daraus: Es gibt zwei Arten von Impostor-Menschen: »true impostors« und »strategic impostors«, »echte« und »strategische« Hochstapler*innen. Die »echten« Hochstapler haben genau das negative Selbstbild, das man vom Impostor-Phänomen kennt. Für die andere Gruppe von Betroffenen ist es eine Art strategischer Selbstdarstellung.

Das heißt nicht, dass »strategische« Hochstapler keine Angst vor dem Scheitern haben, auch solche Menschen können stark ausgeprägten Perfektionismus und Neurotizismus aufweisen, was ein Zeichen von Angst ist. »Sie glauben tatsächlich, dass sie nicht so großartig sind, wie ihr äußerer Erfolg die Umwelt glauben lässt, und fürchten sich wirklich vor dem potenziellen Misserfolg. Um sich vor den Konsequenzen zu schützen, die fürchterlich wären, stapeln sie einfach total tief. Das ist dann nicht mal gelogen.« Strategische Hochstapler*innen sind oft sehr ehrgeizige und leistungsbereite Personen. Die Selbstzweifel treiben sie sogar an, über sich hinauszuwachsen oder sich zumindest besonders anzustrengen. Das Konzept der unterschiedlichen Impostor-Phänomen-Typen kann auch die Ergebnisse von Bechtoldts erster IP-Studie erklären. Vorgesetzte, die ein strategisches IP-Selbstkonzept haben, handeln völlig logisch, wenn sie anspruchsvolle Aufgaben an Personen delegieren, die sie als ähnlich wahrnehmen. Sie nehmen an, dass solche Leute sich auf jeden Fall anstrengen, um die Aufgaben wirklich erfolgreich zu Ende zu führen. Für sie selbst ist es eine clevere Sozialstrategie, so Myriam Bechtoldt: »Es ist strategisch klug, erst mal tiefzustapeln, das schützt mich vor überhöhten Erwartungen aus der Umwelt, und im Zweifel überrasche ich mich auch selbst positiv.«

Das ist irgendwie auch eine angenehmere Art der Selbstdarstellung. Die demonstrative Bescheidenheit wirkt zwar manchmal nicht ganz ehrlich. Zumindest aber sympathischer als Grandiositätsgesten und Rumgepose. Davon gibt es wirklich genug.

Teil 3

UND WAS NUN?

Kapitel 4

HOCHSTAPELN BEIM HOCHSTAPELN

Bis etwa zwei Monate vor der Deadline lief alles wie gewohnt. Die übliche Runde versammelte sich ein- bis dreimal am Tag in meinem Kopf. Wir machen das meist spontan auf Zuruf. Das ist aber kein »Must«, wir skippen schon auch mal ein Teammeeting, da sind wir nicht so streng, muss ja auch Raum für Kreativität da sein. Es gibt drei Seniorpartnerinnen: Das ist die ein bisschen schräge Business-Bini (»Ich mache ›Personal Kanban‹ und terminiere mit der Eisenhower-Matrix – ich bin unbesiegbar« und »Ich nehme die Vorratspackung, man kann nie genug Post-its haben«), dann gibt es den »Sensitive-Soul-Sabino« (»Alles ist voll toll, ich bin ein Gefäß der Götter, meine Gedichte sind meine Gaben ans Universum, hier nehmt gleich zehn!« und »Alles ist schlimm, mein Leben ist zu krass, ich kann nichts, jeder wird's merken, ich schau jetzt drei Folgen Game of Thrones*«) und die vernünftige Mediatorin-Magnetin, die dafür sorgt, dass sich Sabino nur eine Folge reinzieht und die Bini nicht die ganze Wochenübersicht mit viel zu vielen Aufgaben-Post-its zupflastert und sich dann wundert, warum sie nur »so wenig« schafft.*

Das ist also das Kernteam, wobei die Magnetin die meisten organisatorisch-wichtigen Aufgaben wie Asset Management und Strategie-Implementierung innehat. Die anderen beiden arbeiten am besten im Team zusammen und übernehmen zum Beispiel kreative Aufgaben und die Impostor-Gefühle. Sabino überlegt sich die tollsten Emotionen, und Bini visualisiert das Ganze dann in einer logisch konsistenten Argumentationsmatrix. Im Regelfall kommt es eigentlich immer zur Eskalation und die Präsentation wird dann dem Hauptkunden gepitcht. Horror. Aber eigentlich ist ja die Magnetin immer da, die geht mit den »nutcases«, den Spinnern, wie ein Profi um. Aber es ist ohnehin schon viel besser geworden. Wir haben natürlich jede Menge freie Mitarbeiterinnen und Springerinnen, mit denen wir zusammenarbeiten, teilweise auch schon jahrelang und sehr erfolgreich.

Die Aufträge sind ganz unterschiedlich, manche liefern Shitty Mood Boards, andere arbeiten an längeren Geschichten wie diesem Buchprojekt und machen da alles Mögliche vom Look&Feel bis zur Corporate Identity. Manchmal beauftragen wir auch externe Projektteams, um größere Projekte erledigen zu können, wie zum Beispiel komplette Business Cases und Impostor-Kampagnen. Wichtig dabei ist es natürlich immer, im Vorfeld die Kompetenzen festzulegen, sonst kann das schnell recht unangenehm werden.

Seit Neuestem läuft hier so eine Ische herum. Ich glaube, sie meint, das hier sei ein Co-Working-Space. Sie beobachtet uns ständig. Ich hab sie mal gefragt, wer sie ist, und sie hat nur geantwortet: »Schlauer als du.« Superarrogant. Auf jeden Fall hat sie neulich in der Küche mit Sabino geredet, und ich habe danach eine halbe Stunde gebraucht, bis ich ihn wieder eini-

germaßen auf Spur gebracht habe. Er wollte das ganze Manuskript wegschmeißen und alles, was wir drumherum kreiert haben. Sie hat ihm erzählt, dass sein Impostor-Gefühl gar nicht echt sei und noch nicht einmal »fat fake«, also richtig ausgeprägt. Das bisschen bräuchte er auch nicht faken. Jetzt will er nicht mehr am Buch mitarbeiten, weil er meint, dass er nicht kompetent genug ist, weil seine Impostor-Gefühle nur so ein bisschen Angst und Panik seien, die ja heutzutage jeder hat. Außerdem spiele er uns das ja auch alles nur vor.

Ich weiß nicht, was ich mit ihm machen soll. Er ist total auf diesem »Ich fake Impostor-Phänomen«-Trip. Er macht mich fertig. Er ist den halben Tag auf Facebook, und die restliche Zeit produziert er nur destruktiven Quatsch. Und diese Frau flätzt in der Coffeelounge und tut so, als wär nichts. Angeblich hat sie auch schon mit anderen im Team gesprochen. Vielleicht sollten wir es ja wirklich besser lassen. Wir sollten eigentlich Experten sein. Aber nein, wir können ja gar nicht vom Vertrag zurücktreten! FUCK! Jetzt müssen wir das auch noch durchziehen. So ein Mist. Und nächste Woche fängt zudem die heiße Phase an. Wie machen wir das denn jetzt? Wir machen einfach weiter wie vorher und tun so, als seien wir vom Impostor-Phänomen betroffen. Als wüssten wir, was das ist. Dann arbeiten wir halt Nächte durch und bemühen uns um gescheite Panikattacken, und dann geben wir irgendwann ab. Und was, wenn alle merken, dass wir gar nichts können? Keine Ahnung, was dann ist. Die Hölle halt. Was sonst?

Kapitel 5

STRATEGIEN FÜR MILLIONEN

Siebzig Prozent der Bevölkerung erleben das Impostor-Phänomen entweder punktuell, phasenweise oder durchgängig. Es kann alle treffen, egal ob man supererfolgreich oder vom Schicksal benachteiligt ist. Menschen jeglicher Position, Altersgruppe, Nationalität, Berufsgruppe und Herkunft machen Imposter-Erfahrungen. Manche gehen lässig damit um und nutzen diese Veranlagung sogar zu ihrem Vorteil, andere können einigermaßen damit leben und wieder andere leiden stark darunter – unbewusst oder bewusst. Die gute Nachricht: Das Impostor-Phänomen ist keine Diagnose. Es ist ein möglicher Erklärungsansatz für einige Ihrer Unpässlichkeiten. Ein Anhaltspunkt auf der Suche nach sich selbst und einem besseren Leben. Im Folgenden finden Sie eine Auswahl an Impostor-»Hacks«, also Problemlösungen, für den Fall, dass Sie keine Lust mehr auf Hochstapel-Flagellantentum haben.

Nebenbei bemerkt: Wenn Sie es wirklich ernst meinen mit der persönlichen Veränderung und die passenden Methoden und Unterstützung gefunden haben, kann es sein, dass Sie irgendwann an den Punkt kommen, an dem Sie das Gefühl haben, so zu tun, als wären Sie jemand, der Sie gar nicht sind und an dem Sie zweifeln, warum Sie sich überhaupt verändern wollten, weil sie eigentlich den Impostorismus nur als Spiel betrieben haben. Wenn Sie solche Gedanken haben, sind Sie genau richtig. Wie Sie ja jetzt wissen, tritt das Impostor-Phänomen gern bei unbekannten Herausforderungen und Übergangssituationen auf. Lassen Sie sich nicht beirren und gehen Sie einfach weiter. Sie sind bald am Ziel.

Ach, und falls sie damit Erfolg haben und behaupten, das wäre nur wegen dieses Buches gewesen, handelt es sich um einen Rückfall. Nicht schlimm, das passiert.

Reden: raus aus der Einzelhaft

Das Phänomen am Impostor-Phänomen ist, dass so viele darunter leiden – und niemand darüber redet. Und genau so erhält sich das System. Wie ein elitärer Club, in dem nur Personen aus der eigenen Kopfgeburt Zugang haben. Die Kritikerin, der Coach, die Claqueure, die Anheizerin, der Bouncer, die Drückerkolonne, die Krav-Maga-Mädels mit den Steinschleudern, der Bully, die Autoaggresive ... bei jedem Treffen dieser sympathischen Runde verkündet der Schiedsrichter die Regeln: »Willkommen im Impostor-Club. Die erste Regel des Impostor-Clubs ist: Du verlierst kein Wort über den Impostor-Club. Die zweite Regel des Impostor-Clubs lautet: Du verlierst *kein Wort* über den Impostor-Club.«

Genau wie im *Fight Club*, ist es auch hier (Achtung, Spoiler!) in Wirklichkeit nur eine Person, die gegen sich selbst kämpft. Anders als in unserem Fall, geht es im Buch und im Film um eine tatsächliche psychische Störung. Aber das Bild ist passend und eingängig. Wir kämpfen doch alle auf die eine oder andere Weise gegen uns selbst, wir verletzen uns, wir machen uns fertig, reden uns klein.

Das Impostor-Phänomen führt oft in eine paradoxe Isolation. Sie können die geselligste Person sein, einen großen Freundeskreis haben und zu tiefen Gesprächen fähig sein, die die halbe Nacht dauern – Ihre wahren Ängste jedoch vertrauen Sie niemandem an. Ein Großteil der Menschen leidet in aller Stille darunter. Aus unterschiedlichen Gründen: Viele realisieren gar nicht, was da vor sich geht. Vielleicht weil sie diese Art zu denken seit ihrer Kindheit pflegen und sich nun in der daraus resultierenden Gefühlswelt eingerichtet haben. Wie soll man auch wissen, wie sich »normal« anfühlt, wenn man nur sich selbst als Referenz hat? »Das Problem ist, dass Personen, die am Impostor-Phänomen leiden, erst einmal nicht denken: ›Ich leide am Impostor-Phänomen.‹ Sondern sie denken: ›Ich bin eine Hochstaplerin‹«, sagt die Psychologin Marlene Kollmayer. »Und wenn man nun in diesem Nicht-Wissen um dieses Phänomen ist und einfach nur diese Gefühle der Unzulänglichkeit und des permanenten Scheiterns und der Angst vor der Demaskierung erlebt, kommt man ganz alleine sehr schwer heraus.«

Die meisten von uns reflektieren viel weniger über sich selbst, als wir annehmen. Es ist schwer, sich selbst ehrlich zu betrachten. Zum einen, weil das gar nicht wirklich geht. Sich selbst objektiv sehen zu wollen, ist so wie zu versuchen, den eigenen Ellbogen zu küssen. Manche merken, dass da was ist, sehen aber nicht, wie schädlich diese Gedanken und Gefühle sind. Sie spüren, dass andere Menschen viel besser mit beruflichen Herausforderungen umgehen als sie selbst, tun es aber ab mit »so bin ich halt« oder nutzen die Erkenntnis, um sich selbst noch mehr fertig zu machen, weil ihnen die Kompetenz fehlt, ihre Gefühle unter Kontrolle zu bekommen.

Diejenigen, die sich dieses Phänomens bewusst sind, sprechen oft nicht darüber, weil es das Eingeständnis einer Schwäche wäre, eines Fehlers, ein Beweis für ihre Inkompetenz, und das versuchen sie – gemäß ihrem Muster – natürlich zu vermeiden. Und dann gibt es natürlich die, die sagen: »Ja, das kenne ich, das habe ich auch. Aber das ist doch normal.« Damit haben sie recht – und unrecht. Man steckt eben drin in dem Rad. Der Mensch ist ein Gewohnheitstier, und es fällt uns schwer, da auszubrechen. So kommt es, dass wir oft jahrelang ein leichtes Drücken in der Brust spüren, ein diffuses Gefühl des Gehetztseins oder latente Angst. Bei manchen Menschen ist es nur phasenweise merkbar, andere leben ständig damit, wieder andere erleben es nur einmal.

Der Mangel an Zeit und Ruhe spielt auch eine große Rolle. Während der Ausbildung ist man damit beschäftigt, sich zu orientieren, zu lernen und zu leben, und dann kommen der Job, vielleicht eine Beziehung, Kinder, mehr Arbeit, Hobbys, Social Media. Und wenn man in den Yoga-Urlaub fährt, ist man erst einmal damit beschäftigt, ein bisschen zur Ruhe zu kommen, Yoga zu machen und endlich das Buch fertig zu lesen, in dem man seit sieben Monaten schmökert, und wenn man gerade anfängt, sich zu fragen, wie es einem eigentlich geht, ist der Urlaub auch schon zu Ende.

Sie lesen diese Zeilen, deshalb können wir davon ausgehen, dass Sie der Impostor-Unbewusstheit entstiegen sind, egal ob Sie diese Entdeckung bei sich oder anderen Menschen gemacht haben. Es gilt: Reden ist Gold. Sprechen Sie es aus, vor anderen. Reden Sie darüber. Das allein hilft schon, um Druck abzubauen. Für den Anfang reicht es, wenn Sie mit einer Person Ihres Vertrauens darüber sprechen. Das kann der beste Freund, die Mutter, eine Mentorin oder ein Supervisor sein. Wenn Ihnen das zu »gefährlich« erscheint, hilft ein externer Coach oder eine Therapeutin weiter.

Je mehr und offener Sie darüber reden, desto stärker wird die Einsicht, dass Sie nicht allein sind. »Viele Menschen können damit leben«, meint die Impostor-Phänomen-Entdeckerin Pauline R. Clance: »Oft hilft es schon zu wissen, dass viele andere Menschen auch betroffen sind.«

Gefahr erkannt, Gefahr (fast) gebannt ...

Das Sichöffnen und Darüberreden kann nur der Anfang sein. Es mag zwar sein, dass es für manche reicht zu wissen, dass sie nicht allein sind, für andere aber ist das nicht genug. »Jahrzehnte später erzählen uns Psychologen immer noch, dass wir das Impostor-Syndrom überwinden können, indem wir immer wieder darüber sprechen. Angeblich sollten wir uns desto besser fühlen, je mehr wir über unsere angebliche Unfähigkeit reden können«, sagte Impostor-Expertin Valerie Young in einem TED-Talk im Dezember 2016. »Also, ich weiß nicht. Haben Sie schon mal darüber gesprochen, wie fett Sie sich fühlen? Und haben Sie sich dadurch dünner gefühlt? Über Impostor-Gefühle zu sprechen ist ein Anfang, aber Sie bewältigen Impostor-Gefühle nicht nur durchs Mitteilen.«

Informieren: Danke für Ihr Verständnis

Information gilt als »Schlüssel« zur Erkenntnis des Impostor-Phänomens und zum Umgang damit. Oder vielleicht ist es besser von einem der Schlüssel zu sprechen, denn es geht um mehrere Bereiche. Da ist zum einen die Information über das Impostor-Phänomen selbst. Was es überhaupt ist, was es ausmacht und wie es sich auswirkt. Sie haben dieses Buch gekauft, um sich zu informieren, Sie wollen vielleicht sogar etwas bei sich verändern, und das ist toll. Informieren Sie sich am besten nicht nur über das Impostor-Phänomen, sondern auch über andere Dinge wie Wahrnehmung oder die Entstehung von Einstellungen und Denkmustern. »Wir sehen die Dinge nicht wie sie sind, sondern wie wir sind«, sagt die Hauptfigur Lillian in Anaïs Nins Roman *Labyrinth des Minotaurus*. Wenn man weiß, dass das Impostor-Phänomen auf bestimmten Denkmustern beruht, kann man damit ganz anders umgehen, als wenn man denkt, dass »man halt so ist«. Wenn man weiß, was Reframing ist, kann man die physischen Reaktionen umdeuten. Wenn man weiß, warum man seinen Gefühlen nicht trauen kann, eröffnen sich viele andere Handlungsmöglichkeiten.

Im Grunde dreht sich beim Impostor-Phänomen alles um Gefühle. Um das Gefühl der Unfähigkeit, der Minderwertigkeit, um das Gefühl, irgendwo nicht dazuzugehören, um die Angst, nicht gut genug zu sein, um die Angst, dass jemand unseren Bluff durchschaut und um die Angst vor den Konsequenzen des Scheiterns. Gefühle sind universelle psychologische Grundfunktionen. Sie sind etwas, das wir »haben« und das als Reaktion auf bestimmte Situationen auftritt, ohne dass wir darauf einen Einfluss haben. Gefühle sind überall auf der Welt gleich, und man muss sie nicht erlernen. Alle unsere Überlegungen als Gesellschaft beruhen auf dieser Theorie. In der Wissenschaft werden aber auch andere Theorien vertreten. Wie es zum Beispiel bei Dr. Lisa Feldman Barrett der Fall ist. Die renommierte Psychologieprofessorin lehrt und leitet Forschungsgruppen an der Northeastern University und der Harvard Medical School in den USA. Sie beschäftigt sich seit Jahren mit Emotionen und mit dem Gehirn und hat 2015 das Buch *How emotions are made* (Wie Emotionen entstehen) veröffentlicht, das für einigen Aufruhr in der Wissenschaft gesorgt hat. Barretts Theorie ist nicht ganz neu: Gefühle sind nicht angeboren und keine passiven Reaktionen auf die Außenwelt. Vielmehr »konstruieren« sie die Außenwelt.

Neu ist, wie Barrett die Entstehung von Gefühlen herleitet: Mithilfe eines Überwachungssystems namens Interozeption (Wahrnehmung aller innerer, von Organen beziehungsweise Organfunktionen ausgehender Reize) kontrolliert das Gehirn alle Systeme innerhalb des Körpers. Das Gehirn kennt nur vier innere Statusmeldungen, die es von diesem internen Sender empfängt: angenehm, unangenehm, erregt und entspannt. Bekommt es ein inneres Empfindungs-Update, entwickelt das Gehirn eine oder mehrere Theorien zu der Empfindung und versucht dann zu erraten, was die Situation zu bedeuten hat. Die Theorien fügt das Hirn aus vergangenen Erfahrungen und aus Konzepten zusammen, die uns im Laufe unseres Lebens vermittelt werden. Konzepte sind zum Beispiel Stereotypen, aber auch »Angst«, »Geld« oder »Reue«. Ohne diese Konzepte, so Feldman Barrett, hätten wir die Gefühle nicht, die wir als so natürlich empfinden. »Ohne Konzepte würde man sich angenehm oder unangenehm fühlen. Man kann Genuss fühlen.

Man kann große Erregung fühlen, aufgeregt sein. Man kann wenig Antrieb fühlen, aber man kann nicht wirklich Ärger fühlen, Traurigkeit, Angst, Ekel oder irgendeine andere Emotion, die wir für naturgegeben halten«, sagte Barrett in einem Interview im Juni 2017. Wir »konstruieren« also die Welt nach den Konzepten in unserem Kopf und reagieren dann auf die Konstruktionen, die wir erschaffen haben. Als ob sich ein Schattenspieler jedes Mal vor seinem eigenen Schatten erschreckt.

Im Rückschluss bedeutet das, dass Menschen viel mehr Einfluss auf und Kontrolle über ihre Gefühle haben, als bisher angenommen. Und viel mehr Verantwortung dafür. Konzepte sind nämlich nicht in Stein gemeißelt. Die können wir kontrollieren. Die Idee ist radikal. Folgt man dieser Theorie, muss sehr viel überdacht werden. Dann wären posttraumatische Belastungsstörungen keine Krankheit oder Störung, sondern etwas, das aufgrund von Konzepten entstanden ist. Und Konzepte kann man verändern.

Das Impostor-Phänomen wird erst dann ein Konzept, wenn man davon erfährt. Davor sind es andere Konzepte, die die eigene Realität und damit die Gefühle schaffen: die Konzepte »Erfolg«, »Können«, »guter Sohn«, »normal«, »fleißig«, »nützlich« ... Egal, ob man nun Barretts Theorie in Erwägung zieht oder nicht, es kann nicht schaden, den eigenen Gefühlen mit etwas Skepsis gegenüberzutreten und die ihnen zugrunde liegenden Konzepte infrage zu stellen. Das Gute ist: Gefühle sind nicht immerwährend. Wir sind ihnen nicht hilflos ausgeliefert. Wir müssen uns nicht damit abfinden. Konzepte zu ändern ist nicht einfach, aber es ist eine Voraussetzung für unsere Beziehungsfähigkeit, Empathie und ein funktionierendes Sozialleben.

Der zweite Bereich der Informationsbeschaffung ist etwas kniffliger, denn es geht um Sie. Selbsterkenntnis wird nicht nur im Volksmund als der erste Schritt zur Besserung bezeichnet. Selbsterkenntnis ist das kritische Hinterfragen des eigenen Denkens, der eigenen Standpunkte und Handlungen und eine Voraussetzung für unsere Beziehungsfähigkeit, Empathie und ein funktionierendes Sozialleben. Die in der Antike dem Gott Apollo zugeschriebene Forderung »Erkenne dich selbst!«, wurde von Sokrates und anderen Philosophen als geistige Übung verstanden, um Gefühle auf den Prüfstand zu stellen. Im Gefolge von Freud legten Psychoanalytiker und Psychologen mehr Wert auf »emotionale Transparenz des Selbst«, denn sie wussten, dass man wütend oder traurig sein konnte, ohne es zu merken, weil diese Gefühle auf einer anderen Frequenz liefen als die, die man geübt oder gewillt war wahrzunehmen.

Gehen Sie bei der Selbsterkenntnis wissenschaftlich vor, und versuchen Sie, zunächst einen Eindruck davon zu bekommen, was eigentlich vor sich geht. Welche Bereiche betrifft die Impostor-Erfahrung? Was sind das für Gefühle, wie heißen sie, wie stark sind sie? Was macht Ihnen am meisten zu schaffen? Welche Dinge belasten Sie überhaupt nicht? Welche Dinge haben Sie nicht gemacht, obwohl Sie es eigentlich wollten? Welche haben Sie getan und geschafft? Können Sie Muster erkennen? Wie war das in Ihrer Kindheit, wurden Sie gelobt? Welchen Stellenwert hatte Leistung? Welche Rolle haben Sie innerhalb der Familie gespielt? Schreiben Sie alles auf, was Ihnen einfällt. Dokumentieren Sie es, und wenn Sie wollen, machen Sie den Impostor-Phänomen-Test. Online zugänglich ist er momentan lediglich auf Englisch auf der Webseite von Pauline R. Clance: http://paulineroseclance.com.

Handeln: eine Fülle von Möglichkeiten

Neben Reden und Informieren gibt es zahlreiche Möglichkeiten, das Impostor-Phänomen in den Griff zu bekommen. Viele davon muten absurd an. Ratschläge wie »Hör auf, dich zu vergleichen« sind zwar gut gemeint, aber auch recht naiv. »Danke für den Tipp, das werde ich ab jetzt nicht mehr tun!« Doch so einfach ist es nicht. Es gibt mehrere Theorien über das Vergleichen, manche besagen, dass es ein überlebensnotwendiges Hilfsmittel des Menschen ist, anderen zufolge handelt es sich um eine angeborene Tendenz, die uns hilft, uns in der Welt zurechtzufinden. In jedem Fall aber ist das Vergleichen ein so tief verwurzelter Prozess in unserem Gehirn, dass wir nicht einfach damit aufhören können. Wir alle vergleichen, ob wir wollen oder nicht. Die Frage ist nur: Wie gehen wir damit um?

Vergleichen, aber richtig!

Viele Psychologen, Coachs und Therapeuten empfehlen Schreiben als Therapie. Legen Sie ein Erfolgstagebuch an, in dem Sie alles notieren, was Sie gut gemacht haben, was Sie gelernt haben und alles, was Ihnen gelungen ist. Machen Sie jeden Tag mindestens einen Eintrag, egal ob es ein gelungener Witz, ein erfolgreiches Projekt oder die Geburtstagsparty für den Kollegen ist, die Sie organisiert haben. Auf diese Weise schaffen Sie sich einen Überblick über Ihre Leistungen und dokumentieren Ihre Fortschritte. Manche Menschen bevorzugen Zahlen, die sie in Excel-Listen anlegen. Wie auch immer Sie ihre Erfolge festhalten, Hauptsache, Sie tun es. Eine andere Variante ist die Vorher-Nachher-Liste: Wer war ich vor zehn/

fünf/zwei Jahren? Was fand ich cool, welche Träume hatte ich, was wollte ich erreichen, machen, besitzen? Welche Probleme hatte ich, welche Ziele habe ich erreicht? Führen Sie in den drei Bereichen alles auf, was Ihnen in den Sinn kommt, von »Ich wollte damals in einer eigenen Wohnung leben« über »Gehaltserhöhung« bis »Ich mache jetzt meine Steuererklärung pünktlich«. So können Sie einigermaßen objektiv Ihr früheres Ich mit Ihrem Jetzt-Ich vergleichen.

Danke-Training

Der Drang, Komplimente abzuwehren, ist nicht nur selbstzerstörerisch, sondern auch ziemlich unhöflich. Ab jetzt nehmen Sie Komplimente an. Kein Aber. Kein »ach, das war ganz billig«. Kein »das kann doch jeder«. Ihre Standardantwort ist: »Danke.« Wenn Sie wollen, können Sie dabei auch lächeln. Das kommt immer gut an. Machen Sie in der Anfangszeit kein Gegenkompliment. Das kommt nämlich nicht von Herzen, sondern aus einer dunklen Ecke zwischen Selbstzweifel und Angst. Sie müssen lernen, das Lob auszuhalten. Erst wenn Sie das können, haben Sie den emotionalen Spielraum, ein wirkliches Kompliment zu erwidern.

»Dankbarkeitsglas« (»gratitude jar«): Überlegen Sie sich jeden Tag mindestens eine Sache, für die Sie dankbar sind. Schreiben Sie diese auf einen kleinen Zettel und werfen sie ihn in ein großes Glas, das an einem Platz steht, den Sie täglich im Blick haben. Leeren Sie das Glas regelmäßig und lesen Sie sich die Zettel durch. Dankbarkeit hat so viele positive Auswirkungen: Die körperliche Gesundheit profitiert, die Herzgesundheit wird verbessert, der Blutdruck wird gesenkt,

Schmerzen werden gelindert. Dankbare Menschen schlafen besser, sind empathischer und offener für andere Menschen. Dankbarkeit verbessert die psychische Gesundheit, weil dadurch negative Emotionen bekämpft werden. Sie vermindert Depressivität, verstärkt das Glücksempfinden, die Resilienz und das Selbstwertgefühl und wirkt sich generell stärkend auf die Psyche aus.

Dankbarkeit kann man auf vielerlei Arten praktizieren. Zum Beispiel, indem man sich anderen zuwendet. Es hilft immer zu helfen. Aber gerade wenn man nur mit sich und dem eigenen Elend beschäftigt ist und sich wie das ärmste Schweinchen der Republik fühlt, tut die Konzentration auf andere gut. Gehen Sie für den älteren Nachbarn einkaufen, sammeln Sie Müll im nahe gelegenen Park, lesen Sie im Altenheim vor, helfen Sie bei einer wohltätigen Organisation. Das relativiert vieles, und Sie lernen neue Menschen kennen.

Terminieren Sie Ihre Anfälle

Ein hervorragender Tipp stammt von dem Software-Entwickler und Speaker Nicholas Means, der selbst stark unter dem Impostor-Phänomen litt. Bei der Vorbereitung wichtiger Projekte bekam er früher spätestens einen Monat vor dem Termin täglich eine Panikattacke. Dann beschloss er, dass das nicht so weitergehen könne, und er verhandelte mit sich selbst: Du darfst ausrasten, aber erst eine Woche vor dem Event. Daran hielt er sich. Means rät dazu, die Zeitspanne in kleinen Schritten zu verringern. Gehen Sie also nicht gleich auf null, das gibt nur einen Cold Turkey und garantiert einen Rückfall. Schleichen Sie die Freakouts stattdessen ganz sachte aus.

Ruhe im Karton

So einfach und doch so effektiv ist es: Schlaf ist extrem wichtig für die psychische und physische Gesundheit. Nicht ohne Grund gilt Schlafentzug als Foltermethode. Unser Körper braucht ihn zur Regeneration, unsere Psyche braucht ihn zum Verarbeiten, und unser Gehirn braucht ihn für Entsorgungs- und Update-Aktionen. Mehr dazu gleich.

Perspektivenwechsel

Wenn man nicht mehr weiterweiß, versucht man zu begreifen, wie andere mit etwas umgehen. (Man vergleicht also auch wieder.) Und wie so oft, landet man bei den Lehren und Methoden des Buddhismus und Hinduismus. Vor allem des Buddhismus.

Achtsamkeit (»mindfulness«) bietet ausschließlich Vorteile. Darunter versteht man die Konzentration auf das Jetzt. Achtsamkeit ist wichtig, um die Gedanken in den Moment zu holen und damit den Kreis des Brainfuck zu unterbrechen. Über Achtsamkeit erfolgt auch der Prozess der Selbsterkenntnis. Man hört sich selbst sprechen, bemerkt, wie man sich runtermacht, beobachtet die eigenen Reaktionen und realisiert beispielsweise die körperliche Anspannung, die sich einstellt, sobald man eine neue Aufgabe bekommt.

Die Grundübung der Achtsamkeit ist Meditation, die nicht genug gepriesen werden kann. In zahlreichen Studien wurden die positiven Auswirkungen der Meditation auf Geist, Körper und Psyche nachgewiesen. Meditation ist ein hervorragendes Training für Veränderungswillige. Training ist auch das richtige Wort, denn es gibt kein Mittel und keinen Trick, der das Impostor-Phänomen auf einmal ausschaltet. Es geht hier um

Muster, und diese verschwinden nicht einfach, nur weil man ein paar Dankbarkeitszettelchen geschrieben hat. Man muss das eigene System umprogrammieren, und das dauert. Es wird nicht sofort besser, nicht auf Anhieb klappen. Das ist aber kein Beweis dafür, dass man versagt hat. Es beweist lediglich, dass man ein Mensch ist. Nicht dass Sie sich jetzt auch noch beim Meditieren wie ein*e Hochstapler*in vorkommen. Dass erst einmal nichts passiert und Sie nichts Großartiges spüren, gehört sich einfach. Man kann es nicht richtig oder falsch machen, es geht hier um das Gegenteil von Leistung. Das ist ein hervorragendes Training für vom Impostor-Phänomen gefährdete Menschen.

Seien Sie nett zu sich selbst. Das ist auch eine Übung. Für viele ist das tatsächlich die schwierigste Übung. Achten Sie auf Ihre Gedanken. Wenn Sie bemerken, dass Sie sich selbst gegenüber überkritisch sind, unterbrechen Sie Ihren Gedankenstrom und atmen Sie durch, zwingen Sie sich dazu, all das aufzuzählen, was gut ist. Verzeihen Sie sich, wenn etwas nicht geklappt hat. Verzeihen Sie sich, wenn Sie sich in Gedanken heruntergemacht haben. Seien Sie so liebevoll zu sich selbst, wie Sie es mit einem Kind wären.

Wenn wir unser Gehirn permanent mit einer Sache beschäftigen, werden wir gut darin. Übung macht den Meister. Während wir üben, schließen die Nervenzellen (Neuronen) in unserem Gehirn neue Verbindungen (Synapsen) oder stärken bestehende Verbindungen, über die Neurotransmitter wie Serotonin oder Dopamin übertragen werden. Jedes Mal, wenn wir einen Gedanken in eine Handlung umsetzen, wird die Synapse mit Glukose und Sauerstoff versorgt, und die Verbindung wird stärker und effektiver. Das findet nicht nur beim

Klavierspielen, Programmieren oder Salsa Tanzen statt. Das funktioniert auch bei Praktiken wie Selbstzerfleischung oder Konzepte wie »Ich kann kein Mathe« oder Konditionierungen wie »Wenn ich die Wahrheit sage, bekomme ich eine Ohrfeige«. Die Dinge, mit denen wir uns beschäftigen, werden die Dinge, die uns beschäftigen.

Wir wissen mittlerweile, dass sich das Gehirn bis ins Alter verändern kann. Neuroplastizität nennt man das, und es bedeutet, dass Muster nicht unabänderlich sind. Wir wissen auch: Wir können verlernen. Wenn wir Synapsen, also Schaltkreise, immer weniger nutzen, werden sie irgendwann entfernt, um für mehr Platz im Gehirn zu sorgen. Das Entrümpeln und Entsorgen ist – neben der Beschleunigung bestimmter Neuronen – eine der Aufgaben der Gliazellen. Das Stutzen der nicht mehr verwendeten Synapsen übernehmen die sogenannten Mikro-Gliazellen. Die Aufräumarbeiten erfolgen vor allem, während wir schlafen: Die Gehirnzellen schrumpfen um bis zu 60 Prozent und machen Platz für die Gliazellen, die entsorgen. Um etwas zu verlernen, müssen wir es also »aushungern« lassen, die Gedankengänge und Handlungen immer wieder unterbrechen und gegen andere Ideen und Aktionen eintauschen. Und wir müssen, wie bereits erwähnt, für genügend Schlaf sorgen.

Akzeptanz: Man kann das Impostor-Phänomen jedoch auch als gegeben hinnehmen. Als Index für das eigene Wachstum. Diesen Wachstumsschmerzen kann man nicht entkommen, so die Meinung vieler. »Sei dir dessen bewusst, dass es kommen wird, erwarte es, fühle es – ja, lass dich für eine Weile darauf ein, anstatt dagegen zu kämpfen, so geht es schneller vorbei«, schlägt die Unternehmerin und Bloggerin Tara-Nicholle Nelson.

Auch das ist ein buddhistischer Ansatz. Der Mönch und Poet Thích Nhất Hạnh erzählt in der Geschichte »Mara und der Buddha« von Buddha und seinem Gegenspieler, dem Dämon Mara. Mara verkörpert das Prinzip Unheil und Tod, gilt als Verführer und steht für alles, was Leiden verursacht. Der Dämon hatte immer wieder erfolglos versucht, die Erleuchtung Buddhas zu verhindern. Eines Tages saß Buddha in einer Höhle und meditierte, als Mara sich näherte und Buddha sehen wollte. Ananda, der Cousin und Diener Buddhas, bewachte die Höhle und versuchte, den Dämon abzuwehren, voller Angst, dass dieser Unheil stiften würde. Aber Mara war sehr hartnäckig, und so ging Ananda zu Buddha und sagte ihm, dass der Dämon ihn sehen wolle. »Mara, wunderbar! Bitte ihn herein.« Vor den Augen des verdutzten Dieners hieß Buddha den Dämon willkommen, gab ihm den besten Platz und servierte ihm Tee, als wären sie beste Freunde. Thích Nhất Hạnh zufolge gehören Mara und Buddha zusammen. »Mara ist nicht sehr angenehm, aber wenn man weiß, wie man Mara helfen kann, wie man Mara transformieren kann, wird Mara zu Buddha. Wenn man nicht weiß, wie man auf Buddha aufpasst, wird er zu Mara.«

Mitgefühl mit sich selbst (»Self-Compassion«) ist ein auf der buddhistischen Philosophie basierendes Konstrukt. Self-Compassion unterscheidet sich von anderen Konstrukten dadurch, dass es nicht versucht, unser Selbst aufzubauen, indem wir uns besser bewerten, sondern indem es einen liebevollen Umgang mit dem eigenen Selbst vermittelt. Self-Compassion ist eine offene und fürsorgliche Einstellung gegenüber der eigenen Person angesichts von Fehlschlägen und eigenen Unzulänglichkeiten. Die amerikanische Wissenschaftlerin Kristin Neff hat die

Wirkung von Self-Compassion auf das Selbstwertgefühl und das Wohlbefinden nachgewiesen.

Dass Self-Compassion sich auch als Maßnahme gegen Impostor-Gefühle eignet, zeigte eine Studie der Universität Wien, an der Marlene Kollmayer beteiligt war: »Personen, die am Impostor-Phänomen leiden, haben niedrige Self-Compassion. Self-Compassion kann man aber fördern, schon durch ganz kleine Interventionen oder durch therapeutische Ansätze, die nachgewiesenermaßen innerhalb von acht Wochen Self-Compassion nachhaltig steigern.« Es funktioniert in etwa wie beim Achtsamkeitstrainings, man findet andere Wege, über Sachen nachzudenken. Es gibt auch Meditationen und andere Interventionen, die man schnell erlernen und einfach anwenden kann. Bei den kleinen Interventionen übt man täglich, mit sich selbst wie mit einem guten Freund oder einer guten Freundin umzugehen. Auf der Webseite von Kristin Neff finden sich Übungen, Meditationen und Seminare in englischer Sprache, viele davon kostenlos: http://self-compassion.org

Reframing: Diese Methode (englisch: *frame* – Rahmen; wörtlich: »neu rahmen« oder »umrahmen«) wird oft auch mit »Umdeutung« übersetzt. Sie bezeichnet den Vorgang, eine Situation neu zu interpretieren, indem man ihr einen anderen Kontext, also Rahmen, zuweist. Man kann ja jede Situation so verstehen, wie man möchte. Eine Erkältung kann man als Strafe Gottes oder als Möglichkeit betrachten, sich endlich einmal auszuruhen. Dass man den Auftrag nicht bekommen hat, kann man als Beweis für die eigene Unfähigkeit auslegen oder als Gelegenheit, die eigene Ausrichtung zu überprüfen und dazuzulernen. Statt die Angst vor einem Vortrag zu thematisieren, sagt man sich also auf dem Weg zum Podium, dass man total gespannt und begeistert ist. »Natürlich glauben Sie das nicht, aber das ist okay. Ihr Körper kennt den Unterschied zwischen Angst und Spannung nicht«, sagte Valerie Young in einem Vortrag 2016 und riet, sich so zu verhalten, als ob man voller Selbstbewusstsein wäre. Also tatsächlich hochzustapeln. Wenn man das oft genug mache, würde man diese neue Einstellung auch für wahr halten. Aber man brauche Geduld. Die Gefühle würden sich als Letztes ändern. Ziel dieses Ansatzes sei nicht, das Impostor-Phänomen zu besiegen, sondern besser mit den Gefühlen umgehen zu können. »So hat man statt eines Impostor-Lebens dann eben einen Impostor-Moment.«

Therapien und Coaching: In Deutschland steckt die Erkennung und Behandlung des Impostor-Phänomens noch in den Kinderschuhen, deshalb finden sich hier nur wenige gezielte Therapien. Dennoch sind die meisten Therapeut*innen und viele Coachs mit den Themen Selbstwert, Selbstbild, Selbstbewusstsein, Leistungseinschätzung, Glaubenssätze und Attributionen befasst und können weiterhelfen. Im beruflichen Kontext haben Studien gezeigt, dass die Interaktion mit Mentor*innen die Werte des Impostor-Phänomens verringert.

Vernetzung: Austausch unter Gleichgesinnten hat positive Auswirkungen: Er wirkt der Isolation entgegen, verringert die Selbstzweifel und die Konkurrenzangst – allerdings nur, wenn er in einem sicheren Umfeld stattfindet. Soziale Unterstützung verbessert das Wohlbefinden und vermindert das Stresserleben. Man vermutet einen Zusammenhang zwischen beruflichem und emotionalem Beistand und der Abmilderung von Impostor-Gefühlen. Interaktion mit anderen ist nicht nur im Beruf wichtig. Gerade frisch gebackene Mütter und Väter profitieren von der Kommunikation. Von ehrlicher Kommunikation. Es nützt niemandem, wenn man sich gegenseitig versichert, wie toll man alles findet und wie glücklich man ist, während man mehrere Male am Tag heimlich weint und sich fragt, ob es normal ist, dass man sein Baby nicht jede Minute über alles liebt.

Wenn man genau hinhört, stellt man fest, dass es den meisten Eltern so geht. Hier ist das Internet Fluch und Segen, Vergleichsmaschine und Vernetzungstool. 2016 veröffentlichte die Autorin und Bloggerin Stephanie Sprenger einen Text über ihre Erfahrung als Mutter und die Herausforderungen und Tabus, die Elternschaft mit sich bringt. Sie machte ein Foto von sich selbst, auf dem sie ein Plakat hielt mit den Worten: »Ich bin so froh, dass sie mir gesagt haben, dass es okay ist, nicht ›jede Minute‹ des Mamaseins zu lieben«, versehen mit dem Hashtag #sogladtheytoldme (#sofrohdasssiemirgesagthaben). Was als persönliche Meinung begann, wurde zu einer Kampagne für mehr Transparenz. Tausende Frauen reagierten mit Fotos und Botschaften: »Ich bin so froh, dass man mir gesagt hat, ich solle nach der Geburt für mindestens sechs Monate auf keinen Fall meine Ehe oder mein Leben analysieren.« – »Ich bin so froh, dass mir jemand gesagt hat, dass es normal ist, seine Kinder zu lieben und gleichzeitig eine Pause zu brauchen.« – »...dass man sich nicht zwangsläufig sofort in sein Baby verliebt, und dass das okay ist.« Die Reaktionen inspirierten Sprenger zum bisher nur auf Englisch veröffentlichten Buch *So Glad They Told Me: Women Get Real About Motherhood* (So froh, dass es mir jemand gesagt hat: Frauen erzählen, wie Muttersein wirklich ist).

Kann man Ihnen helfen?

Das Impostor-Phänomen lebt vom Geheimnis, vom Versuch, eine vermeintliche Inkompetenz zu verheimlichen. In einer sehr engen Beziehung wird man vermutlich irgendwann einmal merken, dass etwas nicht stimmt. Wobei es Jahre dauern kann, bis klar wird, was genau eigentlich los ist. Betroffene geben im Normalfall nicht einfach so zu, dass sie unter diesen Gefühlen leiden, weil das ihre Inkompetenz verraten würde. Oder sie sind sich nicht bewusst, dass ihr Gefühlszustand nicht »normal« ist. Viele Menschen erleben Impostor-Phänomen-Gefühle nur gelegentlich oder nur in bestimmten Bereichen, weshalb ihre Verhaltensweisen auch anders interpretiert werden können. Zudem haben Betroffene kein gemeinsames Merkmal wie Altersspanne oder Berufsgruppe. Es gibt dennoch ein paar Anzeichen, die darauf hinweisen, dass Ihr Mann, Ihre Frau, Ihr Freund, Ihre Freundin, Ihr Bruder, Ihre Schwester, Ihr Kommilitone, Ihre Kommilitonin, Ihr Kollege, Ihre Kollegin oder Ihr*e Geschäftspartner*in eine Impostor-Phase durchleben. Die Unfähigkeit, Komplimente anzunehmen, ist ein guter Hinweis darauf. Vor allem bei Männern. Frauen sind eher konditioniert darauf, bescheiden zu wirken. Wenn Menschen konstant ihre Leistungen herunterspielen und nicht ihren eigenen Fähigkeiten zuschreiben oder sich selbst klein machen, sollte man ihr sonstiges Verhalten näher unter die Lupe nehmen. Ebenso, wenn sie ihre Erfolge nicht richtig feiern oder genießen können. Arbeiten diese Menschen unverhältnismäßig viel? Sie können dabei hyperorganisiert vorgehen oder alles in letzter Minute machen. Oft verzetteln sie sich und versteigen sich in Kleinigkeiten. Auch ein Zeichen:

Sie bitten so gut wie nie um Hilfe, fragen nicht nach, machen so viel wie möglich allein.

Das heißt nicht, dass Ihr Bekannter betroffen ist, nur weil er nicht weiß, wie er auf Komplimente reagieren soll. Das kann auch an seiner Schüchternheit liegen oder daran, dass Komplimente in seiner Familie als überflüssige Schmeicheleien galten, die Menschen zur Faulheit verleiten. Auch leidet die Kollegin, die lieber allein arbeiten will, nicht zwangsläufig an Impostor-Gefühlen. Vielleicht entspricht es eher ihrem Charakter. Oder sie findet Sie unsympathisch und möchte nicht mit Ihnen zusammenarbeiten. Manchmal tritt dieses Phänomen auch deutlicher zutage. Der beste Freund, der sich seit Jahren fertig macht, obwohl er sehr begabt ist. Die Freundin, die vor jeder neuen Herausforderung panische Angst hat. Die Mitarbeiterin, die sich immer abschottet und schon die zweite Beförderung abgelehnt hat. Die Doktorandin, die während der Promotion einfach alles hinwirft und nie wieder eine Uni versität betritt. In diesem Kapitel geht es darum, wie Sie Menschen helfen können, die Anzeichen des Impostor-Phänomens aufweisen und was Sie im Umgang mit ihnen vermeiden sollten.

Das machen wir privat aus: Wenn liebe Menschen unter dem Impostor-Phänomen leiden

Eine Person, die Sie lieben, leidet unter Impostor-Gefühlen? Oberstes Gebot: Seien Sie für diese Person da. Soziale Beziehungen sind enorm wichtig. Unterstützung und Rückhalt aus dem privaten Umfeld können helfen, die negativen Auswirkungen des Impostor-Phänomens zu lindern. Das kann mitunter anstrengend für Sie werden. Beziehungen zu solchen Menschen können auch eine Herausforderung sein. Von außen betrachtet, wirkt es unverständlich, dass ein Mensch sich so verhält. Es ist furchtbar mitzuerleben, wie eine nahestehende Person leidet, ohne helfen zu können, und es frustriert, wenn kein Ratschlag angenommen wird. Wobei klargestellt werden muss, dass »Ach komm, das wird schon. Das hast du das letzte Mal doch auch geschafft« kein Ratschlag ist, sondern nur etwas, das man sagt, weil man möchte, dass die andere Person die negative Sicht aufgibt. Nehmen Sie die Person ernst, mit all ihren verrückten Gedanken und Vorstellungen und geben Sie ihr den Raum und die Möglichkeit, darüber zu reden, ohne abgeurteilt zu werden. Nur so öffnet sie sich, und das ist ein Schritt in die richtige Richtung.

Pauline R. Clance, eine der »Entdeckerinnen« des Impostor-Phänomens, präsentiert in *Erfolgreiche Versager* Strategien für den Umgang mit Betroffenen. Sie rät dazu, gemeinsam das Worst-Case-Szenario durchzuspielen, indem Sie sachlich die Lage analysieren, herausfinden, wie hoch die Wahrscheinlichkeit wirklich ist, dass der befürchtete Fall eintritt, wie oft er schon eingetreten ist und was genau passieren würde, sollte er wirklich eintreten. Häufig ist die Angst vor dem Misserfolg so diffus wie die Angst vor der Dunkelheit. Die analytische Herangehensweise hilft oft, die Panikgefühle zu lindern. Clance zufolge sollte man es auch mal mit präzisem Lob versuchen. Ein Kompliment wie »Deine sprachlichen Fähigkeiten sind beeindruckend« habe eine höhere Chance, von Betroffenen wahrgenommen zu werden als ein allgemeines »Du bist toll«. Ist man schon einige Zeit im Dialog, kann man erwähnen, dass es ein Merkmal namens Impostor-Phänomen gibt und dass Sie einige der Verhaltensweisen bei Ihrem Gegenüber wiedererkennen. Gehen Sie sachte vor, fragen Sie, ob der oder die Betroffene etwas darüber hören will und akzeptieren Sie es, wenn die Antwort Nein lautet. Bei Interesse überschütten Sie die Person nicht mit Informationen, sondern halten Sie den Dialog im Gang. Und geben sie ihr das Gefühl, sie wird geliebt, unabhängig davon, ob sie Erfolg hat oder nicht. In dieser Atmosphäre können Sie auch die Möglichkeit professioneller Hilfe vorschlagen, sei es durch Coaching oder durch Psychotherapie. Laut Pauline Clance sollte man nicht »annehmen, die Opfer seien hilflos oder unfähig, sich zu ändern«.

Ein implizites Merkmal des Impostor-Phänomens ist es, dass Betroffene anderen Menschen nicht glauben, wenn sie positive Rückmeldungen bekommen. »Wie die Direktorin einer großen Klinik, eine Ärztin, die mir erzählte, sie fühle sich wie eine Hochstaplerin weil ›alle im Führungsteam so unglaublich redegewandt sind, im Gegensatz zu mir‹.« Diese Begegnung war ein Wendepunkt für Valerie Young. Da sie merkte, dass ihr bisheriges Vorgehen nichts bewirkte, erzählte sie Ende 2016 während ihres TED-Talks: »Früher hätte ich geantwortet: ›Ach, ich bin sicher, dass Sie unglaublich redegewandt sind.‹ Aber da wusste ich, dass ich ihr damit keinen Gefallen tue. Also sagte ich: ›Kann sein, dass Sie das nicht sind. Aber das ist okay!‹« Es geht also nicht darum, Menschen davon zu überzeugen, dass Sie brillant, intelligent und kompetent sind. Das wird ohnehin nicht funktionieren. Man kann aber Ihnen eine andere Perspektive anbieten und die Gewissheit geben, dass sie geschätzt und geliebt werden, und zwar um ihrer selbst willen. Und wenn man Glück hat, kann man Ihnen nahebringen, dass es möglich und nicht verwerflich ist, auch ohne rhetorische Brillanz eine gute Ärztin und Klinikleitung zu sein.

Wehret den Anfängen: Impostor-Phänomen-Prophylaxe bei Kindern

Ob und in welchem Maße ein Mensch unter dem Impostor-Phänomen leidet, ist nach dem jetzigen wissenschaftlichen Kenntnisstand eine Kombination aus den Anlagen, die die Person mitbringt, und den Informationen, die sie von außen bekommt. Dass die Grundlage für Impostor-Gefühle in der Kindheit zu finden ist, da sind sich die meisten Forscher*innen einig. Man weiß noch wenig darüber, was Bezugspersonen speziell gegen die Entstehung oder Verstärkung des Impostor-Phänomens tun können, aber man kann sich weitreichende Erkenntnisse aus der Analyse angrenzender Faktoren wie Selbstwert, Selbstbewusstsein und Resilienz zunutze machen. Die emotionale Grundversorgung an Liebe, Zuwendung und Fürsorge vorausgesetzt, kann man es Kindern einfacher machen, ein konsistentes und positives Selbstbild sowie andere lebensbejahende und selbst bestätigende Konstrukte zu entwickeln. Zwei Bereiche erscheinen von großer Bedeutung im Hinblick auf die Impostor-Vorbeugung bei Kindern: Anerkennung und Verantwortung.

Selbstvertrauen beispielsweise ist bei allen Menschen angelegt, allerdings in unterschiedlicher Weise. Manche kommen also mit einem höheren Level an Selbstvertrauen auf die Welt, sind weniger ängstlich und selbstbewusster. Dieser Level ist aber keine konstante Größe. Er gleicht eher einem Muskel, der dadurch trainiert werden kann, dass man Herausforderungen bewältigt, Risiken eingeht, etwas versucht, das man noch nicht kann oder noch nie gemacht hat, etwas macht, wovor man sich ein wenig fürchtet. Doch die Tatsache, dass man sich getraut hat, die Aufgabe erledigt, die Situation durchgestanden hat, stärkt das Selbstbewusstsein. Kinder brauchen solche Erfahrungen, in denen sie sich beweisen können. Sie sollen und wollen meist auch Verantwortung für sich selbst und für andere übernehmen. Eltern müssen ihnen diese Verantwortung übertragen. Das ist nicht einfach, weil sie ihre Kinder natürlich beschützen und Gefahren und Negatives von ihnen fernhalten wollen.

»Wattekinder« nennt der bekannte dänische Familientherapeut und Erziehungsexperte Jesper Juul die Produkte solcher Erziehungsmethoden, mit denen Eltern ein Ziel verfolgen, »ihren Kindern jegliche Niederlage, jeden Schmerz zu ersparen. Wir nennen sie in Dänemark Curling-Eltern, weil sie jedes Hindernis aus dem Weg zu räumen versuchen. Aber bei allem Einsatz: Niemand kann ›dem Leben vorbeugen‹.« Man bewahrt Kinder nicht vor dem Ertrinken, indem man ihnen das Schwimmen nicht beibringt. »Es ist paradox: Wir haben den einen akuten, fast biologischen Drang, für unsere Kinder zu sorgen, ihnen alles zu geben, was sie wollen, sie vor Gefahren und großen wie kleinen Unannehmlichkeiten zu schützen«, schrieb der Paul Tough 2011 in seiner Titelgeschichte im *New York Times Magazine* »What If The Secret To Success Is Failure?« (Was, wenn Scheitern der Schlüssel zum Erfolg ist?). Der kanadisch-amerikanische Journalist und Autor des viel beachteten Buches *Die Chancen unserer Kinder: Warum Charakter wichtiger ist als Intelligenz* sagt: »Dabei wissen wir doch alle – zumindest auf irgendeiner Ebene –, dass Kinder vor allem ein bisschen Mühsal brauchen: ein paar Herausforderungen, einen kleinen Verlust, den sie überwinden können, und wenn es nur dafür ist, sich selbst zu beweisen, dass sie es können.«

Kinder lernen nur, sich in der Welt zurechtzufinden, wenn sie sich in der Welt bewegen, das heißt für Eltern: loslassen, zurücktreten, vertrauen. Lassen Sie das Kind eigene Entscheidungen treffen und angemessene Risiken eingehen. Das fängt damit an, dass Sie ihr Kleinkind den Saft selbst einschütten lassen oder Ihr Vorschulkind allein zum Bäcker schicken, bei dem Sie seit Jahren mindestens zweimal die Woche Brot kaufen. Meine Freundin Marie reiste im Alter von fünfzehn Jahren mit zwei gleichaltrigen Freundinnen per Interrail durch Europa. Natürlich machten sich ihre Eltern Sorgen, zumal es noch keine Handys gab und sie nur ab und zu etwas von der Tochter hörten. Aber sie wussten: Sie schafft das schon. Immerhin war Marie ein Jahr zuvor schon allein in die USA geflogen und hatte drei Monate bei einer Gastfamilie in Chicago verbracht. Für Marie war beides, der Aufenthalt in Chicago und per Interrail durch Europa, nicht nur aufregend, sondern eine Bestätigung, dass sie sich in der Welt zurechtfinden kann. Und sie wusste: Wenn irgendetwas schiefläuft, kann ich anrufen, und Mama und Papa werden mir helfen. Außerhalb der Komfortzone bestehen und Schwierigkeiten meistern zu können, ist eine extrem wichtige Erfahrung für die Stärkung des Selbstvertrauens.

Lange hat man geglaubt, dass man Kindern einfach nur sagen muss, wie toll sie sind, um ihr Selbstbewusstsein hochzufahren. Lob galt in den letzten Jahrzehnten als Patentlösung für allerlei Probleme vom niedrigen Selbstwert über schlechte Job-Performance bis hin zu schlechtem Betriebsklima. Das ist zum einen ein Resultat des »Self-Esteem-Movement«, der amerikanischen Selbstbewusstseinsbewegung, die unter anderem auf Nathaniel Brandens Buch *The Psychology of Self-Esteem* von 1969 zurückgeht und in der westlichen Welt bis heute nachwirkt. Der amerikanische Psychotherapeut und Autor mehrerer Bücher zum Thema Selbstwertgefühl, behauptete dort, dass Selbstbewusstsein einer der wichtigsten Faktoren in der Psychologie des Menschen und der Schlüssel zum Erfolg sei. Die Idee wurde in den 1980er- und 1990er-Jahren so populär, dass zum Beispiel der Bundesstaat Kalifornien 1986 eine »Selbstbewusstseins-Taskforce« einrichtete und mit einem Jahresbudget von einer Viertelmillion Dollar ausstattete. Selbstbewusstsein wurde zum Heilsversprechen für alle: hadernde CEOs, hinter den Erwartungen zurückbleibende Angestellte, unglückliche Ehepartner, schlechte Schüler*innen. Eine Verbesserung des Selbstbewusstseins, so die Botschaft, führe zu wirtschaftlichem Erfolg, senke die Kriminalitäts- und Schwangerschaftsrate bei Teenagern und bringe Kinder dazu, bessere Noten zu schreiben.

Die Forschungsanstrengungen zum Thema Selbstbewusstsein waren ausufernd. Es wurden 15 000 wissenschaftliche Artikel dazu veröffentlicht. 2003 ließ die amerikanische Fachorganisation *Association of Psychological Science* alle Studien überprüfen. Das Ergebnis: Die Thesen stimmten nicht. Man kann Selbstbewusstsein nicht so einfach mal eben erhöhen. Und es gab keinen kausalen Zusammenhang zwischen ausgeprägtem Selbstbewusstsein und den verschiedenen positiven Auswirkungen, die ihm zugesprochen worden waren, wie beispielsweise guten Noten. Aber die Bemühungen scheinen in einer Hinsicht gefruchtet zu haben: Kinder, die in diesem Geiste erzogen wurden, weisen tatsächlich ein höheres Selbstbewusstsein und ein positiveres Bild von sich selbst aus als ihre Eltern und Großeltern. Nur ist das nicht unbedingt von Vorteil. Kinder, die permanent gesagt bekommen, dass sie »etwas Besonderes« und kleine Genies sind, geben sich weniger Mühe und kommen überhaupt nicht klar, wenn es auf einmal nicht mehr so läuft. Dauergelobt von Eltern, die Selbstbewusstsein für wichtiger hielten als Respekt vor sich selbst, haben solche Kinder große Probleme mit der echten Welt. Auf einmal merken sie: Ich bin ja gar nicht so außergewöhnlich. Sie müssen damit fertigwerden, dass sie meist nur durchschnittlich begabt sind. Beim Eintreten in das Erwachsenenleben erleben sie ein Trauma, das die Psychologin Dr. Jean M. Twenge von der San Diego State University »Adulthood Shock« nennt: »Das konstante Lob, die Förderung des Selbstbewusstseins und die unrealistischen Erwartungen ihrer Kindheit haben sie nicht auf den zunehmend kompetitiven Arbeitsmarkt und wirtschaftlichen Druck vorbereitet«, schrieb sie 2006 in ihrem Buch *Generation Me: Why Today's Young Americans Are More Confident, Assertive, Entitled – and More Miserable Than Ever Before*. Twenge, die sich auf Narzissmus spezialisiert hat, hält das konstante Überloben von Kindern für einen Grund des vermehrten Narzissmus, der bei dieser Generation zu beobachten ist. Aber auch die Rate der Depressionen und Angststörungen ist in dieser Altersgruppe signifikant gestiegen.

»Man hat geglaubt, man könne Kindern Selbstbewusstsein auf einem Silbertablett servieren, indem man ihnen sagt, wie gescheit und besonders sie sind, und das würde sie fürs Leben aufstellen und alles Gute würde folgen«, erklärt Professorin Carol S. Dweck. Die Arbeit der amerikanischen Wissenschaftlerin hat zum Teil auch zum Lob-Wahn beigetragen, obwohl sie eigentlich genau das Gegenteil bezweckte. Die Professorin für Psychologie an der Stanford University ist eine Größe auf dem Gebiet der Sozial- und Entwicklungspsychologie. Seit über vierzig Jahren forscht sie über die Themen Intelligenz,

Motivation, Persönlichkeit und Entwicklung. Ihre Erkenntnisse und Theorien zu Selbstbild und Selbstkonzept gelten als wegweisend und hatten wesentlichen Einfluss darauf, wie die westliche Welt noch heute über Lob denkt.

Carol S. Dweck ging mit ihrem Team unter anderem der Frage nach, welche Rolle Lob in der Entwicklung von Kindern spielt. Sie führte eine Studie mit über 400 Schülern durch, bei der die Forscher*innen den Kindern zunächst einen sehr einfachen Test zur Bearbeitung gaben und sie danach lobten. Die erste Gruppe wurde für ihre Intelligenz gelobt, in etwa so: Super gemacht, du bist ja ganz schön schlau. Die zweite Gruppe wurde für ihren Einsatz gelobt: Super gemacht, du hast dir ganz schön viel Mühe gegeben. Das Lob war nur einen Satz lang. »Wir wollten sehen, wie sensibel Kinder sind. Wir hatten den Verdacht, dass ein Satz ausreicht, um einen Effekt zu sehen.«

Dann kam die zweite Aufgabe. Hier mussten sich die Kinder zwischen zwei Arten von Tests entscheiden. Ihnen wurde gesagt, dass der eine Test etwas schwieriger sei als der vorige, aber dass sie dabei viel lernen könnten. Die andere Aufgabe sei einfach, so die Forscher*innen, die Kinder würden dabei ganz sicher gut abschneiden. Das Ergebnis: Von den Kindern, die für ihre Intelligenz gelobt wurden, entschieden sich 67 Prozent für den einfachen Test. Aber 92 Prozent der Kinder, die für ihre Mühe gelobt wurden, wählten die schwierigere Aufgabe.

Dweck führt das darauf zurück, dass sich die Kinder der ersten Gruppe persönlich mit dem Lob identifizierten. Sie dachten, die Erwachsenen würden sie wegen ihrer Intelligenz wertschätzen. Diese Wertschätzung wollten sie auf keinen Fall aufs Spiel setzen. Sie entwickelten das, was Dweck ein »fixed mindset« nennt, ein festgelegtes, starres Konzept von sich selbst, ein statisches Selbstbild, das verhindert, dass sie ihr Potenzial ausschöpfen, weil sie lieber auf Nummer sicher gehen. Loben Erwachsene hingegen den Einsatz, wertschätzen sie damit den Fleiß, die Bewältigungsstrategien oder auch den Mut der Kinder und vermitteln damit, dass es darum geht, zu lernen und besser zu werden. Dadurch bekommen Kinder nicht das Gefühl, dass ihre Anerkennung von einer fehlerlosen Performance abhängt. Sie wissen, dass sie sich schwierigeren Aufgaben stellen müssen, um zu wachsen und eignen sich ein »growth mindset« an, ein dynamisches Selbstbild also, basierend auf der Überzeugung, dass man die eigenen Fähigkeiten und Eigenschaften entwickeln kann.

Im dritten Schritt gab das Team den Kindern einen viel zu schweren Test, um zu sehen, wie die Kinder mit Schwierigkeiten und Misserfolg umgingen. Diejenigen, die für ihre Mühe gelobt worden waren, arbeiteten härter und länger an der Aufgabe, und es machte ihnen sogar Spaß. Die andere Gruppe hingegen empfand die Aufgabe als frustrierend und gab schnell auf.

In der letzten Runde sollten die Kinder einen Test machen, der dieselbe Schwierigkeitsstufe hatte wie der erste Test. Die Kinder, deren Intelligenz man gelobt hatte, schnitten im Vergleich zu ihrem ersten Testergebnis sogar um 20 Prozent schlechter ab. Die Gruppe, die für ihre Anstrengung gelobt worden war, legte 30 Prozent zu. Das ist ein Leistungsunterschied von 50 Prozent.

Eigenschaften oder vermeintlich angeborene Fähigkeiten wie Intelligenz zu loben, wirkt sich auch auf die Moral der Kinder aus. Im Juni 2017 veröffentlichte eine Forschungsgruppe um den Entwicklungspsychologen Kang Lee Ergebnisse aus einer Studie mit Drei- und Fünfjährigen, die belegte, dass für ihre Klugheit gelobte Kinder eher und häufiger schummeln. Wobei man altersbedingt vermutlich eher von »schummeln« sprechen sollte. Das Risiko, mit einem Misserfolg das Selbstbild zu zerstören und die Erwartungen der Erwachsenen zu enttäuschen, wollen Drei- und Fünfjährige instinktiv vermeiden – und machen lieber etwas vor.

Es kommt aber nicht nur darauf an, was man lobt, sondern auch wie man lobt. Undifferenziertes Lob kann nämlich negative Auswirkungen haben. Jubelt der Papa begeistert: »Du bist ja eine richtige Künstlerin«, wenn die Tochter ihm eines ihrer Kritzelbilder schenkt, erreicht er genau das Gegenteil von dem, was er vermutlich damit bezweckt. Allgemeines Lob führt zu Hemmungen, Versagensangst und Frustration. Die Kleine wird »gut malen« für eine Eigenschaft halten und bei der ersten Kritik, die zwangsläufig irgendwann kommen wird, zumindest demotiviert, wenn nicht sogar erschüttert reagieren. Verlangt der Kunstlehrer in der Mittelstufe beispielsweise, dass die Schülerin ein Detail noch stärker herausarbeitet, oder bekommt sie gar eine Vier für ihr Aquarellbild, kann das viel bedeuten: »Ich bin eine Versagerin« oder »Der Papa hat gelogen« oder »Der Typ hat einfach keine Ahnung, da muss nichts nachgearbeitet werden, ich bin eine Künstlerin«. Egal wie, die Situation ist suboptimal, weil unterschiedliche Botschaften miteinander konkurrieren – und das ist bekanntermaßen ein Nährboden für Impostor-Gefühle. In Studien der Universitäten Utrecht und Stanford reagierten überwiegend konkret gelobte Kinder ganz anders, wenn Kritik geäußert wurde: Sie waren interessiert und machten selbst Vorschläge zur Verbesserung. Spezifisches Lob würde sich in etwa so anhören wie: »Die vielen Regentropfen gefallen mir besonders, da hast du dir Mühe gegeben.«

In *Mindset: The New Psychology of Success* (deutsche Ausgabe ebenfalls 2006: *Selbstbild: Wie unser Denken Erfolge oder Niederlagen bewirkt*) legte Carol S. Dweck 2006 ihre Forschungen zu Lob und Intelligenz und ihre Theorien zum Selbstbild dar. Das Buch verkaufte sich über eine Million Mal und wurde zu einem internationalen Erfolg, doch es kam zu einer weitreichenden Fehlinterpretation der Erkenntnisse. Oder vielmehr zu einer Vereinfachung der Aussagen. Viele Eltern und Lehrer*innen lobten von da an pauschal den Einsatz, den Kinder zeigen, unabhängig davon, ob die Kinder Erfolg haben. Damit will man ihnen ein gutes Gefühl geben, nach dem Motto »Der Wille zählt«. Kinder realisieren aber, dass es eine Art Trostpflaster ist, wenn man sie lobt, oder wenn sie Preise bekommen, obwohl sie keinerlei Fortschritt gemacht haben. »Sie sind auch der Überzeugung, dass man denkt, sie können es eben nicht besser«, sagte Carol S. Dweck 2016 in einem Interview anlässlich der überarbeiteten Neuauflage des Buches, in der sie die Missverständnisse in Bezug auf das »growth mindset«, das dynamische Selbstbild, anspricht und aufklärt.

Die Tendenz des Überlobens kann besonders gut in gentrifizierten Lebensräumen beobachtet werden, wo das Phänomen teilweise absurde Züge annimmt. Überloben kann man sowohl quantitativ als auch qualitativ. Letzteres ist der Fall, wenn man jedes Mal übertreibt. Dann ist die Zeichnung des Sohnes nicht nur schön, sondern »das schönste Bild, das Mami je gesehen hat«. Studien zufolge führt dies dazu, dass Kinder sich an die niedrige Messlatte gewöhnen und sich keinen Herausforderungen mehr stellen. Es gibt auch Eltern, die ihre Kinder wirklich für alles loben. Für ihre künstlerischen Fähigkeiten, für ihr Aussehen, dafür, dass sie so schlau sind und einen Regenwurm erkennen, dafür, dass sie so mutig von einer zehn Zentimeter hohen Stufe gesprungen sind, dafür, dass sie so nett sind und dem Freund eines ihrer Bonbons abgeben, und dafür, dass sie die Kissen auf dem Sofa so schön in einer Reihe angeordnet haben. Elterlicher Stolz in allen Ehren, aber so verhilft man Kindern eher zu einer Persönlichkeitsstörung als zu einem gesunden Selbstbild. Zum einen gefährden Eltern damit ihre Glaubwürdigkeit und Integrität, denn das Kind wird früher oder später herausfinden, dass es kein Genie ist, obwohl Mama und Papa das doch immer behauptet haben.

Dasselbe gilt für Lehrpersonal. Versuche des deutschen Psychologen Wulf-Uwe Meyer in den 1970er- und 1980er-Jahren deuteten darauf hin, dass übermäßiges Lob negativ auf das Selbstbild wirken kann. Das viel diskutierte »Meyer-Paradigma« besagt, dass Schüler*innen ab einem Alter von zwölf Jahren, die für einfache Aufgaben übermäßig gelobt werden, glauben, dass die Lehrer*innen sie für dumm halten.

Dann besteht die Gefahr, dass Kinder Dinge nur machen, weil sie Lob dafür bekommen, und nicht, weil sie ihnen Freude bringen. Lob kann nämlich süchtig machen, denn es lässt das Hirn Botenstoffe wie Dopamin oder körpereigene Opiate wie Oxytocin ausschütten. Wenn man beständig gelobt wird, stumpft man chemisch ab, und das Belohnungssystem funktioniert nicht mehr gut. Die Folge: Lob motiviert nicht mehr. Kinder für Dinge zu loben, die selbstverständlich sein sollten, birgt auch die Gefahr, asoziale Wesen heranzuziehen. Eine Studie fand heraus, dass Acht- und Neunjährige, die regelmäßig für ihre Großzügigkeit gelobt wurden, sich im Alltag immer weniger großzügig verhielten, weil sie dafür keine Aufmerksamkeit erhielten.

Da stellt sich doch die Frage: Soll man denn überhaupt noch loben? Die Antwort ist ein enthusiastisches: Ja, natürlich! Anerkennung ist für Kinder in vielerlei Hinsicht unglaublich wichtig. »Sich selbst angenommen zu fühlen durch die Liebe eines anderen ist eine Grundbedingung des menschlichen Wachsens«, schrieb der deutsch-schweizerische Psychoanalytiker Arno Gruen in *Der Wahnsinn der Normalität*. In Deutschland ist die Loblage ohnehin lange nicht so prekär wie in den Vereinigten Staaten. Nach wie vor kritisieren die Deutschen gern. Im Land von »nicht geschimpft ist genug gelobt« entwickelt sich Lobhudelei also verhältnismäßig langsam. Oft herrscht auch eine übrigens genauso schädliche wie IP-förderliche Ambivalenz zwischen Dauerkritteln und Glorifizierung.

Wie sollen wir denn dann loben?

1. Auf Handeln bezogen

Loben Sie Ihr Kind dafür, was es macht, und nicht dafür, was es ist. Also nicht für die Intelligenz, die Kreativität oder das Aussehen, sondern für die Mühe oder die Strategie, die zum Erfolg geführt haben.

2. Konkret und zugeschnitten

Je genauer und individueller, desto besser. Beschreibendes Lob zeigt dem Kind auch, dass es ernst genommen wird, weil die Erwachsenen sich mit dessen Arbeit auseinandersetzen und nicht einfach alles sofort hochjubeln, ohne sich wirklich damit beschäftigt zu haben.

3. Ehrlich und angemessen

Erzählen Sie keinen Blödsinn. Übertreiben Sie nicht. Das Kind merkt, dass es nicht das schönste Bild der Welt gemalt hat. Manipulieren Sie nicht, keine Vergleiche oder versteckte Kritik. Urteile wie »Dein Zeugnis ist viel besser als das von Michael, ich bin stolz auf dich« oder »Super. Wenn du mehr gelernt hättest, wäre es sogar eine Eins geworden« sind nicht motivierend. Spenden Sie nettes, aufrichtiges Lob, dem Alter und Typ angemessen.

4. Dosiert und logisch

Halten Sie sich zurück. Zu viel Lob sorgt für Misstrauen und Verunsicherung. Loben Sie nur, wenn es etwas zu loben gibt. Halbwegs anständiges soziales Verhalten sollte nicht als Leistung betrachtet werden. Dass das Kind einen anderen Jungen nicht gehauen hat, ist kein Anlass für Lob. Benutzen Sie Lob nicht als Kompensation. Jubeln Sie nicht, wenn Ihr Kind den Ball nicht fängt, nur weil es zumindest den Versuch gemacht hat. Misserfolge und missglückte Dinge zu loben, erscheint im ersten Moment ein guter Weg, um das Selbstbewusstsein der Kleinen wiederaufzubauen, aber es bewirkt das Gegenteil.

5. Konsequent und gerecht

Weichen Sie nicht von Ihrer Linie ab. Nur so lernt das Kind, seine Fähigkeiten besser einzuschätzen. Wenn es gestern dafür gelobt wurde, dass es die Spiralen der Schneckenhäuser so genau gezeichnet oder die Gesichter der Monster so fantasievoll sind und heute dafür bejubelt wird, dass es einen Strich auf ein Blatt Papier macht, sorgt das verständlicherweise für Verwirrung. Verteilen Sie Ihr Lob auch unter mehreren Kindern gerecht, loben sie alle nach demselben Prinzip. Dwecks Untersuchungen ergaben, dass Mütter und Grundschullehrer*innen Jungen oft auf andere Weise und für andere Dinge loben als Mädchen: Jungen eher für den Prozess, was positiv wirkt, und Mädchen für das, was sie sind (schlau, hübsch, kreativ, nett), was die genannten negativen Auswirkungen hat.

Oder man macht es wie die Profis: Man lobt nicht. Anerkennung kann man auch anders zeigen, wie Carol S. Dweck in ihrem Buch beschreibt: »Was sollen wir also sagen, wenn Kinder eine Aufgabe – zum Beispiel eine Mathematikaufgabe – schnell und perfekt erledigen? Sollen wir ihnen das verdiente Lob verweigern? Ja. Wenn es so kommt, sage ich: ›Huch. Ich glaube, das war zu einfach. Entschuldige, dass ich deine Zeit vergeudet habe. Lass uns was machen, bei dem du wirklich lernen kannst.‹«

Einige Eltern müssen auf die Lobbremse drücken, andere auf die Kritikbremse und manche insgesamt runter vom Gas, weil sie es in beiden Gebieten übertreiben. Es ist eine Sache der Übung, sich besseres Loben anzugewöhnen. Jesper Juul rät dazu, sich am Abend zu überlegen, wie oft und in welcher Weise man gelobt hat. »Wer sich ein, zwei Wochen lang so hinterfragt, ist weg von dieser automatischen Sprache«, sagte er in einem Interview mit *Die Zeit*.

Wenn man schon beim Hinterfragen ist, kann man gleich weitermachen: Sich erst einmal die eigenen Standpunkte und die vielleicht auch unterbewussten Erwartungen an die Kinder bewusst zu machen und gegebenenfalls korrigieren, ist die Grundlage für eine Veränderung zum Positiven. Die Liebe und Anerkennung der Eltern zu bekommen, hat für ein Kind oberste Priorität. Wenn aber das, was die Eltern erwarten oder meinen, und das, was das Kind gern tun möchte oder ist, konträr ist, durchsteht das Kind einen inneren Kampf. Kinder, die konstant widersprüchlichen Botschaften über sich selbst ausgesetzt sind, gehen ein höheres Risiko ein, Impostor-Gefühle zu entwickeln. Selbst wenn sie keine expliziten Erwartungen hegen, vermitteln viele Eltern, ja, die meisten Menschen, doch recht widersprüchliche Botschaften. Wenn Mama oder Papa das unbewusste Vorurteil hegen, dass Jungen nicht mit Puppen spielen und Mädchen schlecht in Mathe sind, oder wenn sie Männern nicht zutrauen, sich um Kinder zu kümmern, oder aber sich unwohl fühlen, wenn eine Frau das Flugzeug steuert, in dem sie stocksteif sitzen, dann übertragen sie ihre Überzeugungen auf die Kinder, sowohl unwillkürlich als auch bewusst. Das wird nicht erst dann schwierig, wenn der Sohn Kindergärtner werden will und die Tochter Pilotin. Es sorgt bereits für innere Konflikte, wenn das Mädchen entdeckt, dass es nicht so gut in »Mädchen-Fächern« ist und der Junge eine Fünf in Mathe hat.

Eltern müssen ihr eigenes Selbstbild hinterfragen. Sind sie davon überzeugt, dass so etwas wie »Intelligenz«, »Kreativität« oder »Sportlichkeit« im Wesentlichen angeboren ist und nicht entwickelt werden kann, werden sie diese Überzeugung an ihrem Nachwuchs ausleben und an ihre Kinder weitergeben. Die Mindset-Theorie geht davon aus, dass ein Mensch nicht entweder »fixed« oder »growth« ist, sondern dass man sich auf einem Kontinuum zwischen statisch und dynamisch einordnet. Da muss man aber nicht bleiben. Es kann auch sein, dass man verschiedene Mindset-Einstellungen in verschiedenen Bereichen hat. Das Problem bei einer Tendenz zum »fixed mindset« ist, dass in dieser Anschauung der Erfolg untrennbar mit dem Selbstwertgefühl verbunden ist. Einen Misserfolg der Kinder interpretieren Eltern mit starrem Mindset als eigenen Misserfolg. Die Reaktionen fallen entsprechend geschockt, ängstlich, enttäuscht oder wütend aus.

Den konstruktiven Umgang mit Herausforderungen und dem unweigerlichen Scheitern im Leben lernen Kinder von ihren Eltern und anderen Bezugspersonen. Nämlich indem die Erwachsenen es vorleben und den Prozess transparent machen. Weil Scheitern so ein schambelegter Begriff ist und Eltern ihre Kinder aus einem falsch verstandenen Schutzbedürfnis heraus nicht belasten wollen, sprechen sie nicht über ihre Misserfolge. Dadurch erfahren Kinder aber auch nicht, wie die Großen damit umgehen, wie sie sich davon erholen und dass Scheitern nicht das Ende bedeutet, sondern ein Teil des Prozesses ist. Machen Eltern diesen Prozess deutlich, sehen Kinder am lebendigen Beispiel, wie man aus Fehlern lernt oder dass Scheitern ein Bestandteil des Lebens ist – und des Erfolgs. Durch diese Erfahrung bekommen Kinder auch das Gefühl, dass sie eine gewisse Kontrolle über ihr Leben haben und dass sie auch scheitern dürfen. So entwickelt sich Resilienz und »grit«, was so viel wie »Biss«, also eine Mischung aus Durchhaltevermögen, Mut und Charakterstärke bedeutet und nach »Mindset« und »Resilienz« der neueste Hype in der Sozialpsychologie ist.

»Das größte Geschenk, das Eltern ihren Kindern machen können, ist, ihnen beizubringen, Herausforderungen zu lieben, von Fehlern fasziniert zu sein, Anstrengungen zu genießen und beständig zu lernen«, rät Carol S. Dweck. »So werden Kinder nicht Sklaven und Sklavinnen von Lob und sind ihr Leben lang in der Lage, ihr Selbstvertrauen selbst aufzubauen und zu verbessern.«

Für das Leben: Unterstützung in Schule und Universität

Im Zuge ihrer Forschung zu Widerstandskraft und Motivation testeten Carol S. Dweck und ihre Mitarbeiter*innen ein Interventionsprogramm an New Yorker Schüler*innen mit sehr schlechten Mathenoten. Acht Wochen lang lernten die Siebtklässler*innen neue Lerntechniken, Zeitmanagement und Gedächtnistraining, alles darauf ausgerichtet, ein »growth mindset« zu entwickeln. Eine Gruppe von Schüler*innen erhielt darüber hinaus Unterricht über die Möglichkeiten, das Gehirn zu beeinflussen. Ihnen wurde beigebracht, dass das Gehirn ein Muskel ist, den sie trainieren und damit ihre Intelligenz erhöhen können. Nach acht Wochen wurden die Noten dieser Gruppe besser, während diejenigen, die nur Lerntechniken beigebracht bekommen hatten, schlechter wurden. Untersuchungen anderer Forscher*innen bestätigen die positiven Auswirkungen dieser Art von Wissensvermittlung. Einer Untersuchung zufolge hatten Schüler*innen zudem größeren Spaß, weil sie den Wissenserwerb mehr wertschätzten. Dweck und ihr Team entwickelten ein Programm, »Brainology«, das seitdem in Schulen eingesetzt wird und dessen Effektivität gerade in einer Langzeitstudie beobachtet wird. Andere Versuche der Gruppe um Dweck waren Mathe-Onlinespiele, in denen Mühe, Vorgehensweise und Fortschritt belohnt wurden, was Kinder dazu brachte, sich länger und intensiver mit den Aufgaben zu beschäftigen.

Das Gefühl der Unzulänglichkeit, das beim Vergleichen der eigenen Leistungen mit denen der anderen entstehen kann, und die Angst, nicht gut genug zu sein, sind Kernempfindungen des Impostor-Phänomens. Man kann dem Aufkommen dieser Gefühle auch mit simplen Mitteln entgegenwirken. Geschichten vom Werdegang erfolgreicher Menschen haben große Wirkung auf die Vorstellung der Kinder, wie Erfolg erreicht wird. Erzählt man beispielsweise, wie berühmte Mathematiker*innen ihre Fähigkeiten entwickelt haben, wie viel harte Arbeit dahintersteckt, welchen Schwierigkeiten sie ausgesetzt waren und wie oft sie gescheitert sind, zeigt man den Kindern eine alternative Sicht auf das allgemeine Verständnis von Genie. Vor allem in einer Welt der geschönten Präsentation sieht man oft nur das Ergebnis und nicht den langen, harten und manchmal holprigen Weg, der dahin führt. Eine besonders effektive Wirkung üben Menschen aus, die Erfolg vorweisen können und ehrlich ihre Geschichte erzählen. Eine Studie zeigt, dass die Frustration bei Kindern sinkt und die Motivation steigt, wenn sie verstanden haben, dass sogar Profis sich anstrengen müssen.

Eine andere Intervention ist ähnlich einfach und hat sich als äußerst effektiv erwiesen: Forscher*innen der Universitäten Texas und Stanford entwickelten ein Werkzeug für das Lehrpersonal, das hilft, Ängste zu nehmen und ein dynamisches Selbstbild zu entwickeln. In einer Präsentation werden Zitate, Statistiken und Filme vorgeführt, in denen andere Schüler*innen und Studierende über ihre Ängste sprechen und erklären, dass es normal sei, sich anfangs nicht zugehörig zu fühlen, dass dieses Gefühl aber bald vergehe. Es wird vermittelt, es sei völlig normal, dass nach einem Wechsel in eine andere Ausbildungseinrichtung die Leistungen zunächst einmal schlechter werden, dass sie aber meist wieder ansteigen. Zudem wird auch hier erklärt, dass Intelligenz nichts Statisches sei und man das Gehirn trainieren kann, wenn man immer Neues lernt und regelmäßig übt. Nachdem sie die Präsentation gesehen haben, sollen die jungen Leute ihre eigenen Botschaften für die, die nach ihnen kommen, schreiben oder filmen. Der Vorgang wird zu keinem Zeitpunkt als »Intervention« bezeichnet, der Nachwuchs weiß nicht einmal, dass es sich um eine unterstützende Maßnahme handelt. So will man vermeiden, dass die Aktion nach hinten losgeht und die Schüler*innen und Student*innen sich wie minderbegabte Fälle, die man speziell fördern muss, vorkommen.

Über 15 000 junge Menschen von der Mittelstufe bis zum Grundstudium in unterschiedlichsten Fächern an verschiedenen Universitäten und Schulen durchliefen solche Interventionen, bei denen Daten für die Wissenschaft generiert wurden. Das Ergebnis: Die Ängste nahmen signifikant ab, die Noten verbesserten sich, und es kam zu weniger Ausbildungsabbrüchen. In vielen Fällen besserten sich auch die psychische Gesundheit und das Wohlbefinden der Proband*innen. Die Erfolge solcher Interventionen brachten viele Universitäten der Vereinigten Staaten dazu, ihre eigenen Konzepte zu entwickeln und so den steigenden Raten der stressbedingten Ausfälle und psychischen Krankheiten bei jungen Studierenden zu begegnen. Das angesehene Smith College, das größte Frauencollege des Landes, hat eine Initiative zur Entstigmatisierung des Scheiterns eingerichtet, die sich »Failing well« nennt, was man als »Gut versagen« übersetzen kann, wobei »well« auch »gesund« heißt. Bei der Anmeldung bekommt jede Studentin ein Versagenszertifikat, mit dem die Universität offiziell bestätigt, dass sie hiermit die Erlaubnis hat, »in einer oder mehreren Beziehungen, Affären, Freundschaften, Texten, Prüfungen, außerschulischen Aktivitäten und allen anderen College-relevanten Entscheidungen jetzt und in der Zukunft Mist zu bauen, schlecht zu sein oder zu versagen, und trotzdem ein wertvoller, total großartiger Mensch« ist. Zum Semesterbeginn und -ende gibt es Ausstellungen mit den schlimmsten Flops der Studentinnen, Diskussionen über Perfektionismus, Workshops für Impostor-Phänomen-Betroffene und andere Veranstaltungen. Jede Elite-Uni hat ihre eigene Version davon: In Harvard ist es das »Success-Failure Project«, in Stanford das »Resilience Project«, es gibt das »Princeton Perspective Project«, die »Penn Faces«, und die Universität Texas in Austin hat mit »Thrive« sogar eine App entwickelt.

Das Konzept der Mindsets ist auch in der deutschen Bildungsrealität erkannt, an den Hochschulen beschäftigt man sich derzeit noch mehr mit der Erforschung von Resilienz und Co. als mit deren praktischen Anwendung. Die Förderung eines dynamischen Selbstbildes bei Kindern wird von Einrichtungen wie der Vodafone Stiftung immer wieder gefordert und von diversen Kultusministerien als wichtiger Faktor erachtet. Die Materiallage ist jedoch recht überschaubar. Es sind hauptsächlich Tipps, die man dem Lehrpersonal gibt; es wird erwartet, dass die Ausbilder*innen den Kindern das dynamische Selbstbild vorleben. Wie sie das allerdings machen sollen, ob sie überhaupt ein überwiegend dynamisches Selbstbild haben, und wenn sie es nicht haben, wie sie es erzielen, müssen sie wohl allein herausfinden. Dabei gehört das doch eigentlich zur Weiterbildung.

Nach einer Umfrage der Vodafone Stiftung Deutschland aus dem Jahr 2016 hielten 75 Prozent der befragten 361 Lehrer*innen und Lehramtsstudierenden das eigene Lernen und die Fortbildung für sehr wichtig, um sich für zukünftige Aufgaben zu qualifizieren. Gleichzeitig meinten 70 Prozent, dass dies keinerlei Auswirkungen auf ihre berufliche Zukunft hat. Obwohl die Lehrer*innen Fortbildung so wichtig finden und 83 Prozent überzeugt waren, sie hätten die Fähigkeiten, die sie für das Lernen in ihrem Beruf benötigen, plante nicht einmal die Hälfte tatsächlich eine Weiterbildung. Noch weniger überlegen sich konkret, in welchen Bereichen sie sich fortbilden wollen, und wenn sie es tun, geht nicht einmal die Hälfte strategisch und effektiv dabei vor. Nach eigenen Angaben hat nur ein Viertel ein hohes Durchhaltevermögen, mehr als die Hälfte lässt sich von Fehlern entmutigen, jede zweite Lehrerin lässt sich leicht vom Lernen ablenken, nur die Hälfte kann sich aufraffen zu lernen, wenn sie keine Lust hat. Dieselben Lehrer*innen sollen nun den Kindern selbstgesteuertes Lernen beibringen. Für sie selbst allerdings gibt es wenig Unterstützung. Es fehlt an Raum, Zeit und Materialien, um die Lehrer*innen weiterzubilden und zu coachen. Nicht einmal jede zweite Lehrperson stellt sich gern neuen Herausforderungen, was auf ein eher statisches Selbstbild hindeutet.

Umfangreiche Studien aus den USA jedoch haben gezeigt, dass Lehrende mit einem »fixed mindset« ihre Schützlinge aufteilen in die, die Potenzial haben, und in die Talentlosen. Sie trösten die Kinder, die sie für weniger begabt halten, geben eher nettes als konstruktives Feedback und erklären den Kindern, dass es schon okay sei, in Mathe nicht gut zu sein. Und sie vermitteln den vermeintlich Begabten, dass ihre guten Leistungen an ihrem Talent liegen. Diese Verhaltensweisen bringen Kinder erwiesenermaßen dazu, Versagensängste zu entwickeln, an sich zu zweifeln, die Motivation zu verlieren und tatsächlich schlechter zu performen.

Wichtige Ressourcen: Hilfe für vom Impostor-Phänomen Betroffene im Beruf

Das Umfeld beeinflusst auch im beruflichen Kontext, ob und wie intensiv Impostor-Gefühle auftreten können. Ein Faktor ist das, was die Wissenschaftler*innen »workplace social support« nennen. Diese soziale Unterstützung am Arbeitsplatz beinhaltet die Unterstützung durch Kolleg*innen, fachlichen Beistand bei Aufgaben, Mentoring und Coaching. Es spielt also eine Rolle, ob zum Beispiel eine höhergestellte Person sich im Rahmen eines Mentoring-Programms Zeit nimmt, oder ob man sich im Team gegenseitig unter die Arme greift.

Untersuchungen einer belgischen Forschungsgruppe zeigten, dass Support am Arbeitsplatz einige negative Folgen des Impostor-Phänomens abmildert und sich damit vor allem positiv auf die Jobzufriedenheit auswirkt, ebenso wie auf Organizational Citizenship Behavior (OCB). Dieser Begriff beschreibt das freiwillige Verhalten am Arbeitsplatz, also ob man Kolleg*innen hilft, auch wenn es nicht zu den eigenen Aufgaben gehört, ob man gewissenhaft ist, sich höflich und fair verhält und sich sozial einbringt. Jobzufriedenheit wirkt sich nachweislich auf die Funktionsfähigkeit eines Unternehmens oder einer Institution aus, sie beeinflusst das Betriebsklima, die Außenwirkung und Effektivität und ist deshalb in den vergangenen Jahren mehr und mehr in den Mittelpunkt des Interesses von Wirtschaft und Wissenschaft gerückt. Ohne Unterstützung ist die Gefahr höher, dass das Impostor-Phänomen in Isolation, Frustration, Erschöpfung, schlechter Performance und letztendlich im Burnout endet. Nachdem man weiß, wie weit verbreitet dieses Phänomen ist, dient die Suche nach der besten Unterstützung für vom Impostor-Phänomen Betroffene nicht nur den Individuen selbst, sondern letztlich der ganzen Organisation.

Selbstständige und Freiberufler*innen, die zumeist eigenverantwortlich und allein arbeiten, sind folglich besonders gefährdet, in die Impostor-Phänomen-Spirale zu geraten, denn diese Art zu arbeiten »kann einen starken Nährboden darstellen. Gerade wenn man nach außen hin höchst professionell wirken sollte und nicht viel Raum für den Umgang mit Fehlern hat«, meint die Wirtschafts- und Organisationspsychologin Mirjam Zanchetta. Forschung gebe es dazu bis jetzt noch nicht. Für alle selbstständig Arbeitenden gilt also: Schaffen Sie sich dieses Umfeld. Mieten Sie sich in einem Gemeinschaftsbüro ein, verabreden Sie einen Jour fixe mit anderen Selbstständigen aus der Branche, besuchen Sie berufliche Events oder holen Sie sich regelmäßig Feedback von einem geschätzten Kollegen oder einer erfahreneren Kollegin. Es ist wichtig, dass Sie sich einbinden und regelmäßig andere Meinungen und Ansichten zu ihren Projekten und Leistungen hören, um den Gefühlen der Unzulänglichkeit entgegenzuwirken.

In Unternehmen oder Institutionen wie Universitäten kann man dem Impostor-Phänomen auf verschiedenen Ebenen vorbeugen. Wie man in einem Unternehmen mit Fehlern umgeht, welche Verhaltensweisen man belohnt, wie man Feedback gibt, wie man kommuniziert, welche hierarchischen Strukturen es gibt – all das beeinflusst das Wohlergehen, die Gesundheit und Leistung der ganzen Belegschaft und insbesondere von Menschen, die zu Impostor-Gefühlen neigen. »Eines der besten Dinge, die man als Führungsperson machen kann, ist, es zu normalisieren und darüber zu reden – und zwar ganz lässig und entspannt. ›Ach, das ist so ein Impostor-Ding, da sind Sie in guter Gesellschaft, das haben einige der klügsten Leute der Welt‹«, riet Impostor-Phänomen-Expertin Valerie Young in ihrem TED-Talk Ende 2016.

Was bei Zehntausenden von jungen Menschen in der Ausbildung funktioniert, kann auch für Organisationen und Betriebe ein Gewinn sein. Ein offener Umgang mit Gefühlen der Unzulänglichkeit und Nichtzugehörigkeit normalisiert diese Gefühle wieder und hilft Angestellten, besser und offener mit Ängsten und Zweifeln umzugehen. Es ist egal, ob das nun in einer Präsentation, einem Workshop oder im kleinen Team-Meeting besprochen wird. Es geht darum, die Dinge anzusprechen, zu entschamifizieren und eine Atmosphäre zu schaffen, in der Menschen sich austauschen können.

Das Recurse Center in New York ist eine Bildungseinrichtung für Programmierer*innen, die in vielerlei Hinsicht eine tatsächlich schöne neue Welt darstellt. Die Struktur ist antihierarchisch, die Teilnehmer*innen lernen selbstbestimmt, statt Noten und Diplomen kommt man nach dem Abschluss in ein Alumni-Netzwerk, aus dem man für Stellen in Partnerunternehmen rekrutiert wird. Diversität ist erklärtes Ziel, Mental Health (geistige Gesundheit) ein Thema, über das man reden kann. Im *User's Manual*, sozusagen der Hausordnung des Recurse Center werden Gefühle wie Zweifel, Unsicherheit und Panik angesprochen, die Neulinge haben können. Unter »Angst« findet sich auch das Impostor-Phänomen: »Wusstest du, dass es ein umfassend dokumentiertes Phänomen gibt, bei dem hoch qualifizierte Menschen mit dem Gefühl durchs Leben gehen, nichts als Schwindler*innen zu sein und ihre Errungenschaften nicht verdient zu haben?« Nach einer kurzen Erklärung und einem Link zur Wikipedia-Seite, folgt das Statement: »Deshalb ist ›Ich weiß es nicht‹ oder ›Ich verstehe es nicht‹ etwas *Positives* im Recurse Center. Für dich ist es eine Möglichkeit zu lernen, und jemand anders bekommt die Möglichkeit, dir dabei zu helfen (oder andersherum).«

Um das Lernen so ungehindert, unbeschwert und effektiv wie möglich zu machen, stellte das Center schon im Jahr 2011 »Social Rules« auf, die sowohl im Center selbst als auch online zu finden und Programmierer*innen meistens bekannt sind. Die vier Regeln sind beeindruckend: »Kein Überrascht-Tun«, »Kein Also-Eigentlich«, »Kein Platz auf der Rückbank« und »Keine subtilen Ismen«. Die letzte Regel richtet sich gegen jede Art der Diskriminierung von Rassismus bis Homophobie. Teilnehmer*innen werden explizit aufgefordert, diskriminierendes Verhalten zu benennen und zu besprechen. Es gibt eine standardisierte Vorgehensweise und Verhaltensvorschläge. Die anderen drei Regeln fallen unter »Muster« und setzen das Gegenüber durch respektloses Verhalten herab.

Interessant ist für unsere Belange vor allem die Nummer 1: Man solle nicht so überrascht tun, wenn jemand etwas nicht weiß. Denn diese Reaktion sei nicht nur nutzlos, sondern kontraproduktiv. »Überrascht zu tun hat absolut keinen Nutzen, weder zwischenmenschlich noch erzieherisch: Leute, die überrascht tun, machen das meist, damit sie sich selbst besser und die anderen sich schlechter fühlen.« Diese Regel schafft eine Atmosphäre, in der Menschen sich trauen zu sagen: »Ich weiß es nicht« und »Ich verstehe es nicht«. Und das ist von größter Wichtigkeit.

Die Haltung und Verhaltenskultur muss verbindlich und nachvollziehbar sein, die eigentliche Konversation findet freilich auf Arbeitnehmer*innen-Ebene statt. Hier können Vorgesetzte die Tonart beeinflussen, Aufmerksamkeit trainieren und Voraussetzungen für angstfreie Kommunikation schaffen. Das funktioniert weniger über Anweisungen oder eine »Kummerbox«, in die die Mitarbeiter*innen Zettel mit Sorgen einwerfen können. Vormachen ist die Devise. Wenn Chefinnen und Chefs diese Kultur selbst nicht leben, werden die Angestellten das auch nicht tun.

Die Unternehmerin Sara Blakely ist zum Beispiel eine Chefin, die ein solches Verhalten vorlebt. Sie hat die Firma Spanx, die formende Unterwäsche herstellt, gegründet und zu einem Millionenunternehmen gemacht. Scheitern ist ihr Mantra, schon als Kind sei sie von ihrem Vater dazu ermutigt worden zu scheitern, denn das bedeutete, dass sie etwas ausprobiert hatte. Diese Philosophie hat sie ihrem Unternehmen zugrunde gelegt, aber nicht indem sie ihre Mitarbeiter*innen anwies, doch mal einen Fehler zu machen. »Um die Leute bei Spanx zum Scheitern zu animieren, erwähne ich oft mein eigenes Scheitern. Ich stehe auf und erzähle dem ganzen Team von einem Misserfolg. Das ist dann ein ›Spanx-Oops‹ oder ein persönlicher ›Oops‹. Ich spreche da immer ganz offen darüber.« Die Unternehmenskultur ist erst dann etabliert, wenn allen Angestellten klar ist, dass man Fehler machen darf. Oder über Probleme sprechen darf. Oder Erfolge immer mit Bowle und Eiskrem feiert. Oder spezifisches Feedback gibt. Oder jeden Freitag in der Runde sagt, was gut gelaufen ist, was nicht und worüber man sich gefreut hat. Oder was auch immer Kultur sein soll.

Gezielter vorgehen können Organisationen mit spezifischen Maßnahmen: »Das Impostor-Phänomen beinhaltet die Angst vor der Enttarnung, deshalb ist es ratsam, für die Betroffenen Möglichkeiten zu schaffen, sich auszutauschen, oder geführte Gruppen, in denen sie ihre Erfahrungen und Gefühle mitteilen können«, sagt Mirjam Zanchetta im Hinblick auf Interventionen wie Gruppensupervision. »Berücksichtigt man das Impostor-Phänomen bei den Support-Maßnahmen, kann das sowohl die Impostor-Gefühle selbst reduzieren als auch deren negative Auswirkungen.« Austausch und Feedback sind essenziell, wenn man vom Impostor-Phänomen Betroffenen helfen will, wobei man sie meist zu ihrem Glück zwingen muss. Die Eigenschaften des Phänomens bewirken, dass Betroffene beides ablehnen – aus Unsicherheit und aus der Sorge, sich als dumm oder inkompetent zu outen. Regelmäßige Meetings, in denen man sich austauscht und auf den aktuellen Stand bringt, Feedbackrunden im Team oder Treffen mit der/dem Supervisor*in sind nur einige probate Mittel, Maßnahmen aus der agilen Unternehmensführung bieten weitere Ideen. Wichtig bei allen ist die Betonung der Fehlertoleranz des Unternehmens. Und dass Weiterentwicklung gefördert und erwartet wird, damit die Gefahr gebannt wird, dass zum Impostor-Phänomen neigende Menschen auf ihren Stühlen kleben bleiben. Warum in einer anderen Position wieder Angst haben? Hier ist es doch jetzt so schön kuschelig …

Feedback ist eine heikle Angelegenheit für solche Menschen. Vergleichbar mit dem Lob bei Schüler*innen beeinflusst das Feedback die Leistung von Arbeitnehmer*innen signifikant. Auch hier kommt es darauf an, wie und worauf die Rückmeldung gegeben wird. Ebenso gilt: Allgemeines Feedback wirkt nicht oder negativ, gezieltes Feedback hingegen positiv. Aus mehreren Studien wissen wir, dass unter dem Impostor-Phänomen leidende Menschen am besten auf persönliches und unmittelbar auf die Arbeit bezogenes, positives Feedback reagieren. »Konstruktives Feedback bringt sehr viel. Also Feedback, das wirklich auf die Arbeit und nicht auf die Person abzielt und das Möglichkeiten zur Verbesserung aufzeigt«, erläutert Marlene Kollmayer eine Erkenntnis aus einer Studie mit Doktorandinnen, an der sie beteiligt war. Auch sie betont, wie wichtig der Austausch ist: »Der offene Austausch über Probleme ist gut. Wenn man zum Beispiel darüber spricht, dass man auch als Forscherin oftmals zweifelt. Diesen Zweifeln Raum geben und Austausch über Schwierigkeiten ermöglichen oder Mentorinnen bereitstellen – das wird in den Studien von Impostorinnen immer wieder als Wunsch genannt.«

Der Einsatz von Mentor*innen wird immer wieder als Maßnahme zur Vorbeugung von Impostor-Gefühlen empfohlen. »Also eine vertraute Person, an die man sich wenden kann, wenn irgendwelche Selbstzweifel auftauchen und nicht erst, wenn die Selbstzweifel so groß sind, dass man sich wochenlang vor Angst versteckt hat«, sagt die Bildungspsychologin. Viele weitere Untersuchungen unterstützen diese Einsichten. Mentoring verhilft Betroffenen zu einer realistischeren Einschätzung ihrer Fähigkeiten, vermittelt ihnen Wertschätzung und Vertrauen, ermöglicht fachlichen Austausch und trägt dazu bei, dass die Wahrscheinlichkeit von Dropouts sinkt. Die Forschungsgruppe um Professorin Barbara Schober vom Institut für Angewandte Psychologie der Universität Wien fordert gar flächendeckende Mentoring-Programme für Österreichs Universitäten. Networking-Angebote halten die Forscher*innen für die zweite wichtige Maßnahme, speziell für Frauen in der Wissenschaft. Innerhalb des Mentorings und der Gruppen soll das Impostor-Phänomen thematisiert werden, da schon das Wissen darum für seelische Erleichterung sorgt. Mentoring-Programme machen insbesondere für Neulinge Sinn. Menschen, die sich in einer fremden Umgebung mit ungewohnten Regeln orientieren müssen und im Zweifelsfall niemanden kennen, sind besonders anfällig für das Impostor-Phänomen.

Die Universität von Massachusetts konzipierte ein Programm, das als Vorbild für modernes Mentoring gilt. »Mutual Mentoring« lässt sich flexibel an die Bedürfnisse der Mentor*innen und Mentees anpassen. Die zugrunde liegende Idee ist, dass kein Mensch Expertise in allen Bereichen besitzt und deshalb mehrere, unterschiedliche Mentoring-Beziehungen gewinnbringender sind. Es kann also sein, dass ein*e Doktorand*in Mentoring-Partnerschaften mit anderen Promovierenden, mit der Professorin, mit einem Experten für Human Resources aus der Verwaltung und einem Absolventen der Fakultät unterhält, der jetzt in einem Unternehmen arbeitet. Zusätzlich mentort sie selbst zwei Studienanfänger*innen sowie eine*n Diplomand*in und ist Mitglied einer Mentoring-Gruppe, in der sich Doktorand*innen gegenseitig unterstützen.

Das Feedback und der Austausch verbessern den Selbstwert und wirken der Isolation und Einsamkeit entgegen, die vom Impostor-Phänomen betroffene Menschen häufig erleben und die zunimmt, je höher man die Karriereleiter hinaufklettert. Das vermittelte Wissen, die emotionale Unterstützung und die entstehenden Netzwerke haben nicht nur positive Effekte auf das Impostor-Phänomen. Es entsteht ein stabiles Netzwerk, das Freundschaften hervorbringt, den zwischenmenschlichen Horizont erweitert und die Karriere fördert. Gerade Frauen profitieren nachweislich von Mentoring-Programmen, bei denen Frauen sie anleiten. Mit einer Einschränkung: Eine Befragung ergab, dass wenn die Mentorin zu toll, erfolgreich und unnahbar ist, dies auf das weibliche Protegé eher einschüchternd wirkt. Auch für Mentorinnen gilt: Bitte menschlich bleiben und sich authentisch zeigen und nicht als perfekte Karrierefrau.

Manchmal ist der beziehungsweise die Mentor*in aber auch zu nah, und vom Impostor-Phänomen Betroffene fühlen sich nicht frei, sich zu öffnen und ehrlich zu sagen, was sie bedrückt, weil der beziehungsweise die Mentor*in der Leiter der anderen Abteilung oder die Professorin ist. Dazu Mirjam Zanchetta: »Es braucht eine Art von neutralem Gegenüber. Optimal wäre externe Personalentwicklung, also Trainer oder Coachs, die von außen kommen und einer gewissen Schweigepflicht unterliegen. So bekommen die Personen die Möglichkeit, wirklich mal zu reflektieren und zu hinterfragen.« In der Regel sind Coachs professionelle Prozessberater, die sowohl individuellen Beistand leisten als auch Gruppen beraten. Sie agieren auf Augenhöhe mit den Coachs, sind in unterschiedlichen Techniken beschlagen. Sie sind unparteiische Dritte, die mit den Coachs ganz praktisch arbeiten. Für vom Impostor-Phänomen Betroffene werden sowohl ressourcen- und lösungsorientierte Ansätze als auch die Arbeit mit der Berufsbiografie und mit »Karriere-Themen« empfohlen.

Imke Duplitzer hatte schon oft Gelegenheit, die Auswirkungen des Impostor-Phänomens zu beobachten. Die siebenfache deutsche Meisterin im Degenfechten stolperte zum ersten Mal über den Begriff, als sie ihr Diplom-Trainerstudium absolvierte. Sie bemerkte, dass sich in den Kampfsportarten im Leistungsbereich ab einem gewissen Zeitpunkt die Dropout-Quote von Mädchen eklatant erhöhte. »Es waren meistens die talentiertesten Mädchen, die aufhörten. Ich wollte herausfinden, warum wir immer die besten Mädchen verlieren.« Sie machte diese Frage zum Thema ihrer Diplomarbeit an der Trainerakademie und stieß so auf den Begriff.

Das Impostor-Phänomen ließ sie aber auch danach nicht los. Im Zuge ihres Studiums der Angewandten Psychologie an der Hochschule Fresenius in Köln verfasste sie 2017 eine Bachelorarbeit über die Wirksamkeit von Coaching im Fall des Impostor-Phänomens bei erfolgreichen Frauen. Sie konzentrierte sich auf Selbstwirksamkeitserwartung und Selbstreflexion und führte qualitative Interviews mit Frauen, die in männerdominierten oder als männlich empfundenen Bereichen arbeiteten und dort besondere Leistungen erbracht hatten, etwa eine Führungsposition innehatten oder als Expertinnen bekannt waren. Interessantes Detail: Einige Frauen entschieden sich nach dem Vorgespräch dafür, doch nicht am Interview teilzunehmen. Sie hatten Angst, dass man sie trotz Anonymisierung erkennen würde und befürchteten, dass ihre Antworten und Einblicke in ihr Innenleben sich negativ auf ihre Reputation auswirken könnten. Ein weiteres Kriterium war, dass die Frauen wussten, wie sie ihre Impostor-Gefühle in Schach halten können. Als Nachweis des Impostor-Phänomens diente die Selbsteinschätzung der Frauen, nachdem Duplitzer ihnen die Komponenten dieses Phänomens beschrieben hatte, eine Ermittlung des Impostor-Phänomen-Werts mithilfe des GCIPS-Fragebogens fand nicht statt.

Die Untersuchung ist also supermini und nicht verlässlich, doch die Idee ist prima. Man fragt Betroffene einfach: Wie habt Ihr das hinbekommen? Und bekommt ein Bündel Strategien, die als Ausgangspunkt für Experimente oder tiefer gehende Untersuchungen dienen können. Imke Duplitzer fand heraus, dass sich die berufliche Situation der Frauen verbesserte und sie größere Erfolge erzielten, nachdem sie sich ihrer Verhaltensweise bewusst geworden waren und anfingen, sie zu verändern. Das ist nichts Ungewöhnliches, aber es spricht dafür, dass das Wissen um das Impostor-Phänomen nicht nur eine psychische Entlastung darstellt, wie man aus Studien weiß, sondern eine aktive Komponente hat. Nachdem sie diese Erkenntnis gewonnen hatten, nahmen alle Frauen mit einer Ausnahme Hilfe von externen Personen an. Die Interventionsformen umfassten zum einen das Tun, also Tätigkeiten von Schreiben bis Meditieren, und zum anderen die Aufarbeitung und Innenschau. Dieses handlungsorientierte Konzept führte dazu, dass die Frauen sich psychisch und physisch besser fühlten – und mehr Vertrauen in ihre Fähigkeit, ihr Leben und folglich auch darin, ihr Umfeld zu verändern, bekamen.

Duplitzer ist an Werkzeugen und Strategien interessiert, denn daran mangelt es bis jetzt. »Es gibt relativ wenig konkrete Empfehlungen, wie man Menschen mit einem Hochstaplersyndrom helfen kann.« Vor einiger Zeit hat sie selbst angefangen zu coachen. Die Erkenntnisse aus den Interviews ergänzen ihre Erfahrungen aus dem Hochleistungssport. Die Fechterin hält integrative Coachingansätze für sinnvoll, die Techniken der buddhistischen Lehre mit einbeziehen. Achtsamkeit und Meditationsarbeit sind ihres Erachtens sehr wichtig. Die Prinzipien von Loslassen und Selbstreflexion seien essenziell im Kampf gegen das Impostor-Phänomen: »Wichtig ist für Coachs, machen zu lassen. Die Frauen immer wieder an Sachen heranzuführen, bei denen sie ihre eigenen Grenzen testen können und sich hinterfragen müssen, um dann sozusagen im Selbsterleben festzustellen: Stopp, ich kann das ja wirklich.«

Manche Forschungserkenntnisse hingegen brauchen noch etwas Zeit, um Früchte zu tragen. In seiner Masterarbeit an der Martin-Luther-Universität Halle-Wittenberg untersuchte Kay Brauer, ob das sogenannte Selbstwerttraining auch zur Linderung des Impostor-Phänomens geeignet sei. In der Psychologie unterscheidet man zwischen explizitem und implizitem Selbstwert. Expliziter Selbstwert beruht auf Selbstaussagen. Man legt Menschen Fragebögen vor, und sie müssen zum Beispiel ankreuzen, ob sie völlig, teilweise oder gar nicht mit Aussagen wie »Ich bin ein wertvoller Mensch« übereinstimmen. Unter implizitem Selbstwert versteht man die tiefsten inneren Überzeugungen, die ein Mensch von sich hat. Das kann man nur indirekt mithilfe von Computeraufgaben erfassen, bei denen die Testpersonen, ohne es zu merken, ihre unbewussten Kognitionen preisgeben.

Beim Selbstwerttraining des niederländischen Sozialpsychologen Ap Dijksterhuis ist das genau andersherum. Das von ihm entwickelte Computerprogramm soll Botschaften im Unterbewusstsein der Testpersonen verankern. Das funktioniert in etwa so, wie man es aus den Geschichten von unerlaubt eingesetzten Werbebotschaften in Kino- oder Fernsehfilmen kennt. Da wurden Bilder so kurz eingeblendet, dass das Bewusstsein sie nicht wahrnahm. Das Unterbewusstsein jedoch sah das Foto einer glühenden Zigarette, und schon verspürten Raucher*innen Lust, sofort eine zu rauchen. Angeblich. Wie Studien zeigten, wirkt unterschwellige Werbung nämlich nur beschränkt.

Auf der Grundlage dieses Prinzips konzipierte Dijksterhuis ein computergesteuertes Training, mithilfe dessen er Selbstwert stärkende Botschaften im Unterbewusstsein verankern wollte. Die Methode heißt »Subliminal Evaluation Conditioning« (SEC, Subliminales Evaluatives Konditionieren) – und ist das unterschwellig stattfindende Abrichten auf bestimmte Werte. Es funktioniert so: Sabine sitzt vor einem Bildschirm. Es erscheinen einzelne Wörter. Manche davon sind richtige Wörter, andere nur ein Buchstabensalat. Sabine soll jedes Mal bestimmen, ob es »Wort« oder »Nicht-Wort« ist, indem sie auf bestimmte Knöpfe drückt. Der Clou: In einem Durchgang sind alle Wörter positive Eigenschaften wie »heiter« oder »intelligent«. Vor jedem dieser positiven Wörter erscheint für 17 Millisekunden das Wort »ich«, das bekommt Sabine nicht mit, weil es unter der Bewusstseinsgrenze passiert, aber Sabines Unterbewusstsein lernt »ich heiter«, »ich intelligent«.

Dijksterhuis' Programm konnte messbare, positive Effekte beim Selbstwert erzeugen. Seine Studie wies Anfang der 2000er-Jahre nach, dass SEC den Grad des Selbstwerts erhöht. Diese Theorie ist in der Wissenschaft jedoch bis heute umstritten. Bei einigen Studien blieben bei gleichem Versuchsaufbau die Effekte komplett aus, andere konnten die Ergebnisse von Dijksterhuis replizieren.

Selbstwert hängt stark mit dem Impostor-Phänomen zusammen. Deshalb war der Versuch für Kay Brauer interessant, und er führte das Training bei Menschen durch, die ausgeprägte Impostor-Werte aufwiesen.

Die Ergebnisse waren interessant. Bei den Testpersonen erhöhte sich der Selbstwert erwartungsgemäß, und die Versuchspersonen gaben nach dem Lernexperiment niedrigere IP-Werte an. Verblüffend war eine Veränderung von Werten in einem anderen Bereich. Brauer hatte die Proband*innen vor und nach dem Training Intelligenzaufgaben bearbeiten lassen und teilte ihnen anschließend ihr Ergebnis mit. Was sie nicht wussten: Das Ergebnis war immer fingiert, sodass alle positiv abschnitten. Der Persönlichkeitspsychologe wollte wissen, worauf sie das Ergebnis zurückführten, das Externalisieren von Erfolgen ist ja eine essenzielle Charakteristik des Impostor-Phänomens. Und tatsächlich – nach diesem Training führten die Testpersonen das positive Feedback tatsächlich eher auf sich selbst und auf die eigene Fähigkeit zurück. »Das war eine fünfminütige PC-Intervention, bei der man sich vor einen Bildschirm setzt und Aufgaben löst. Und damit schafft man es, leichte Effekte auf Selbstwert und IP zu erzielen und schlussendlich das Impostor-Phänomen zu verringern«, erzählt Brauer begeistert und erwähnt Selbstwert-assoziierte Stimmungszustände wie Depressivität. Was man im nächsten Schritt testen müsste, sind die Langzeitfolgen. Wie lange hält dieser Effekt an? Was passiert, wenn man die Trainingszeit erhöht? Oder dieses Training jeden Tag absolviert? Man müsste das Training in ein Konzept einbetten und sich ein passendes Coaching-Programm überlegen. Und wieder eine Studie durchführen. Nicht dass man überdosiert und dann auf einmal den Dunning-Kruger-Effekt auslöst. Was aber eigentlich keine Rolle spielen würde, denn dann würde man nicht merken, wie ignorant man ist.

Aber zurück zum Selbstwerttraining. Es ist irre, dass sich noch niemand darum gekümmert hat. Die Idee klingt doch verlockend: ein bisschen daddeln und schwupp, keine Impostor-Gefühle mehr! Vor dem Computer sitzen wir doch ohnehin die ganze Zeit. Wissenschaftler*innen wie Kay Brauer sind da dran. Was wir alle machen können, ist, es zu benennen und darüber zu reden. »Niemand scheitert gern, aber was vom Impostor-Phänomen betroffene Menschen von anderen unterscheidet ist, dass sie sich unglaublich schämen, wenn sie scheitern«, appelliert Valerie Young an Wissenschaftler*innen. »Nennen wir es beim Namen. Ich bin ein großer Fan, es zu normalisieren – nicht zu pathologisieren – und es im Kontext zu sehen. Lasst alle Menschen wissen, dass man sich früher oder später so fühlt.«

Das Paradox des Impostor-Phänomens

Vom Impostor-Phänomen betroffene Menschen leben in einem Überschätzungs-/Unterschätzungs-Dilemma. Sie unterschätzen die eigenen Fähigkeiten und überschätzen die Fähigkeiten der anderen. Dabei überschätzen sie aber die eigene Fähigkeit zu beurteilen, was andere wissen und was nicht. Sie denken auch, dass die anderen nicht merken, dass sie nur hochstapeln – sie denken also, dass die anderen nichts checken oder dumm sind, dass sie nicht merken, wenn ihr Gegenüber nichts kann. Das ist nicht nur inkonsistent, sondern auch arrogant.

Was sie auch überschätzen, sind ihre »Soft Skills«. Gemeint sind »weiche Faktoren« oder sogenannte Schlüsselqualifikationen, sprich: soziale Kompetenzen, die mit der Persönlichkeit, dem Charakter und den Verhaltensweisen zusammenhängen, und nicht mit der fachlichen Qualifikation oder Kompetenz. Diese Fähigkeiten sind ohne Frage wichtig für sehr viele Berufe. Aber kein Mensch ist so nett oder so charmant, dass ein*e Arbeitgeber*in ihn nur wegen dieser Eigenschaften über einen längeren Zeitraum beschäftigt.

Die gute Nachricht ist: Egal, wie schlimm es ist: Es wird bestimmt besser. Alter ist tatsächlich ein Faktor, der die Ausprägung des Impostor-Phänomens verringert. In vielen Studien wurden die Zusammenhänge zwischen fortschreitendem Alter und rückläufigen Impostor-Werten nachgewiesen.

Das hört sich zynisch an, aber manchmal tut es ganz gut, sich zu überlegen, dass das Impostor-Phänomen häufig bei intelligenten, kompetenten Menschen auftritt und dass die tumben Faker*innen üblicherweise keine Gefühle der Unzulänglichkeit hegen.

Dass Sie unter dem Impostor-Phänomen leiden, schließt Sie größtenteils vom sogenannten Dunning-Kruger-Effekt aus. Damit wird der Zustand beschrieben, wenn Menschen etwas Dummes sagen oder machen und sich dabei ihrer Dummheit nicht bewusst sind. Die US-Psychologen David Dunning und Justin Kruger führten 1999 einige interessante Experimente durch, um zu testen, wie Studenten der Cornell Universität ihre geistigen Fähigkeiten einschätzten. Diejenigen, die besonders schlecht abgeschnitten hatten, schätzten sich selbst viel besser ein. Besonders kluge Student*innen hingegen unterschätzten ihre Leistungen. Die beiden Wissenschaftler formulierten daraufhin einen Effekt, der sich in vier Stufen manifestiert. Inkompetente Menschen

1. überschätzen ihr eigenes Können,
2. erkennen dabei nicht das Ausmaß ihrer Inkompetenz, weshalb sie
3. ihre Kompetenz nicht steigern können und
4. die überlegenen Fähigkeiten von anderen immer wieder unterschätzen.

Das mit dem Impostor-Phänomen einhergehende Herunterspielen der eigenen Fähigkeiten wirkt bescheiden und sympathisch. Solange Sie es nicht übertreiben, dient es Ihnen als Schutz gegen Arroganz, Selbstgefälligkeit und Überheblichkeit.

Eine Überlegung wert: Die Psychologie des Scheiterns

Bevor Sie sich das nächste Mal in die Versagensangst hineinschrauben, sollten Sie folgende Fakten bedenken: 85 Prozent der Dinge, vor denen wir Angst haben, werden nie passieren. Und bei den 15 Prozent Unglück, die sich tatsächlich ereignen, fanden 79 Prozent der Versuchspersonen einer Studie, dass sie besser damit umgehen konnten als vermutet oder dass sie dadurch etwas Wertvolles gelernt haben. Das heißt 97 Prozent unserer Sorgen sind nichts als verschwendete Energie. Es ist eine Tatsache, dass Menschen im Allgemeinen sehr schlecht darin sind, ihre Fähigkeiten einzuschätzen – in jeglicher Hinsicht. »Unbewusste Kompetenz« nennt man das, was Menschen gut können, ihnen aber selbstverständlich erscheint. »Unbewusste Kompetenz« hingegen ist das, was vermutlich den meisten Schaden anrichtet. Das Gegenteil des Impostor-Phänomens ist der Dunning-Kruger-Effekt. Der Begriff bezeichnet die falsche Selbstwahrnehmung von Menschen, die ihre eigenen Fähigkeiten überschätzen und die der anderen unterschätzen. Davon sind Sie schon mal nicht betroffen. Zweifel sind immerhin ein Beweis für fehlende Selbstüberschätzung. Zudem belegen Studien, dass Intelligenz für den Erfolg nicht so wichtig ist wie Neugier, dass jedoch Selbstbewusstsein im Berufsleben wichtiger ist als Kompetenz.

Der amerikanische IT-Spezialist Max Levchin sagte dem Magazin *Brand Eins:* »Das erste Unternehmen, das ich gegründet habe, ist mit einem großen Knall gescheitert. Das zweite Unternehmen ist ein bisschen weniger schlimm gescheitert, aber immer noch gescheitert. Und wissen Sie, das dritte Unternehmen ist auch anständig gescheitert, aber das war irgendwie okay. Ich habe mich rasch erholt, und das vierte Unternehmen überlebte bereits. Es war keine großartige Geschichte, aber es funktionierte. Nummer fünf war dann PayPal.«

Scheitern ist nicht zwangsläufig schlecht. Nicht selten, macht es Erfolg erst möglich. Viele Erfindungen entstanden aus Fehlern, viele Kunstwerke wurden nur aus dem Scheitern geschaffen, viele Lebensläufe nahmen eine positive Wende nach dem Scheitern. Die Entdeckung des Penicillins, zum Beispiel, beruht auf einem Missgeschick. Ende der 1920er-Jahre waren in Staphylokokken-Kulturen des schottischen Bakteriologen Alexander Fleming Schimmelpilze der Gattung Penicillium hineingeraten. Er hatte anscheinend nicht sauber gearbeitet, oder irgendetwas anderes war schiefgegangen. Ein ärgerlicher Fehler, könnte man meinen. Er hätte natürlich panisch alle Beweise für seine »Inkompetenz« vernichten und die verdorbene Kultur fortwerfen können. Stattdessen untersuchte er genauer die Kultur und stellte fest, dass die Bakterien rund um den eingedrungenen Schimmelpilz der Gattung Penicillium verschwunden waren. Weitere Untersuchungen führten später zu der Entdeckung des Antibiotikums Penicillin, wofür er 1945 zusammen mit zwei anderen Wissenschaftlern den Nobelpreis bekam.

Ein weiterer positiver Beweis für das Scheitern sind die Post-it-Haftnotizzettel. Die gibt es, weil ein Wissenschaftler an der Entwicklung eines Superklebers scheiterte. Für das Unternehmen 3M entwickelte Dr. Spencer Silver 1968 statt eines Klebstoffs, der sich von keinem Material löst, eine Masse, die zwar überall anhaftete, sich aber auch wieder lösen ließ. Das Unternehmen versuchte, daraus ein Memoboard ohne Pins zu entwickeln, das Produkt scheiterte aber auf dem Markt. Sechs Jahre später griff Silvers Kollege Arthur Fry die Idee wieder auf, weil er auf der Suche nach einem Lesezeichen war, aber es dauerte einige Jahre und viele gescheiterte Versuche, bis das Post-it Anfang der 1980er-Jahre auf den Markt kam.

Apple-Gründer Steve Jobs brach das Studium am Reed College in Portland (Oregon) nach dem ersten Semester ab. 1985 wurde er wegen schlechter Umsatzzahlen von Apple gefeuert, einem Unternehmen, das er selbst zusammen mit seinem Freund Steve Wozniak und Ronald Wayne in seiner Garage gegründet hatte – noch dazu von John Sculley, dem Mann, den er zwei Jahre zuvor für den Posten als Geschäftsführer angeworben hatte. Er kaufte das Animationsstudio Pixar und gründete die Computerfirma NeXT. Pixar wurde zum Supererfolg, NeXT hingegen konnte sich nicht richtig etablieren und wurde 1997 von Apple gekauft. Damit kam Jobs wieder zu Apple, das zu jenem Zeitpunkt kurz vor der Insolvenz stand.

Oprah Winfrey wurde von ihrem ersten TV-Engagement in Baltimore gefeuert, weil sie zu emotional und folglich nicht geeignet fürs Fernsehen sei.

Aufgrund seiner schlechten Schulnoten wurde Regisseur Steven Spielberg zweimal von der University of Southern California's School of Cinematic Arts abgelehnt. 1994 bekam er einen Ehrenabschluss, 1996 wurde er Trustee. Heute gibt es dort ein Gebäude, das ihm zu Ehren gebaut wurde.

Der Trickfilmzeichner Walt Disney brach die Schule ab, wurde von der Army abgelehnt und scheiterte mit seinem Unternehmen »Laugh-o-Gramm Studios«. Er verlor seinen Job bei einer Zeitung in Missouri mit der Begründung, er sei nicht kreativ genug, es fehle ihm an Vorstellungskraft und guten Ideen.

Der Bildhauer Auguste Rodin schaffte dreimal die Aufnahmeprüfung an der berühmten École nationale supérieure des beaux-arts nicht.

Leo Tolstoi fiel an der Hochschule durch.

Das Manuskript zu *Carrie* von Stephen King wurde von dreißig Verlagen abgelehnt, bevor es veröffentlicht wurde und seine Bestseller-Karriere ihren Lauf nahm.

Bill Gates brach sein Studium an der Universität Harvard ab, sein Unternehmen »Traf-O-Data« scheiterte.

Albert Einstein wurde von der Schule verwiesen und nicht am Polytechnikum aufgenommen.

Abraham Lincolns Unternehmen scheiterte 1831, 1836 erlitt er einen Nervenzusammenbruch, 1856 verlor er die Präsidentschaftswahl.

Ich könnte die Liste noch ewig weiterführen, aber der Punkt ist: Scheitern ist eine wichtige Komponente menschlicher Existenz. Es offenbart und desillusioniert. Es beweist uns, dass wir nicht alles unter Kontrolle haben können. Aber natürlich ist es einfacher, Geschichten vom Scheitern zu hören oder sie zu erzählen, wenn alles vorbei ist. Während man drinsteckt, fühlt es sich nicht an wie eine Heldentat.

»Ich werde mich nicht hier hinstellen und euch erzählen, dass Scheitern Spaß macht«, sagte Joanne K. Rowling in ihrer Rede für die Abschlussklasse der Harvard-Universität. Die Autorin von *Harry Potter* scheiterte nach eigenen Angaben grandios vor ihrem literarischen Durchbruch: Scheidung, alleinerziehend, keinen Cent in der Tasche und keinen Job. »Das Scheitern gab mir eine innere Sicherheit, die ich sonst nie bekommen hätte. Es hat mich Dinge über mich gelehrt, die ich sonst nie erfahren hätte. Ich entdeckte, dass ich einen starken Willen hatte und mehr Disziplin als gedacht. Ich fand heraus, wer meine wahren Freunde waren. Das Wissen darum, dass du weiser und stärker aus Rückschlägen hervorgehst, gibt dir für immer die Sicherheit, dass du überleben wirst.« Diese Erfahrungen seien mehr wert als jedes Diplom. »Du wirst vielleicht niemals so grandios scheitern, wie ich es getan habe, aber Misserfolge sind im Leben unausweichlich. Es ist unmöglich, sein Leben zu leben, ohne in irgendetwas zu scheitern, es sei denn, du lebst so vorsichtig, dass du genauso gut hättest nicht leben können – in diesem Fall scheiterst du, weil du nicht am Leben teilgenommen hast.«

Kapitel 6

HAPPY END FÜR EIN HOCHGESTAPELTES LEBEN

Das Impostor-Phänomen beschreibt eine Erfahrung, die wir alle machen. Oder zumindest die meisten von uns. Es gibt auch Menschen, die solche Gefühle nicht kennen, die nie an sich zweifeln und sich noch nie so gefühlt haben, als würden sie nur so tun als ob. Aber solche Menschen sind mir suspekt, denn diese Gefühle sind zutiefst menschlich. Aus ihnen entspringen wichtige Erfindungen, großartige Bücher, wissenschaftliche Erkenntnisse, alternative Konzepte und anrührende Bilder. Sicher, wenn die Zweifel überhandnehmen und sich das Phänomen über die ganze Persönlichkeit stülpt, bringt es wenig Gutes hervor. Aber wir sind dem ja nicht hilflos ausgeliefert. Oder wie der berühmte Psychiater und Auschwitz-Überlebende Viktor Frankl im Jahr 1983 auf einem Kongress sagte: »Man muss sich von sich selbst nicht alles gefallen lassen!«

Die eigentliche Ursache des Impostor-Phänomens liegt ja in einer Fehleinschätzung unseres Gehirns. Wir wissen nur, was in unseren eigenen Köpfen vor sich geht, beziehen aber unsere Einschätzung anderer Menschen lediglich aus dem, was wir von außen erkennen können. Jeder Mensch sei verkorkst, meinte die Schriftstellerin Ann Lamott in ihrer berühmten Rede »12 Wahrheiten, die ich vom Leben und vom Schreiben lernte«. Jeder Mensch sei kaputt, unsicher und ängstlich. »Es gibt da draußen viel mehr Leute wie dich, als du dir vorstellen kannst. Also versuch nicht, dein Inneres mit dem Äußeren anderer Menschen zu vergleichen. Dadurch fühlst du dich nur noch schlimmer.«

Nichts von alledem ist neu. »Irgendwie bringt uns Eingebildetes mehr aus der Fassung«, schreibt Seneca in einem Brief an Lucilius. »Wir schließen uns gern dem Wahn der anderen an, erweisen nicht das, was uns in Furcht versetzt, als falsch und machen uns davon frei, sondern ängstigen uns wie Menschen, die eine Staubwolke, von einer Schafherde aufgewirbelt, aus dem Lager trieb oder die ein unverbürgt ausgestreutes Gerücht in Panik versetzte.« Seine Mittel dagegen sind Klugheit, Gelassenheit und Erkenntniswille. »Frage dich selbst: ›Quäle und gräme ich mich womöglich ohne Grund und mache, was keines ist, zum Übel?‹« Wenn aber stoisches Verhalten nicht nutzt, rät er seinem Freund zur Hoffnung. »Wäge daher Hoffnung und Furcht ab, und sooft alles ungewiss ist, sei nett zu Dir: Glaub, was dir lieber wäre!«

In seinem Brief vom 4. November 1904 schreibt Rainer Maria Rilke dem jungen Dichter Franz Kappus »was ich über Ihre Neigung zum Zweifel sagen könnte oder über Ihr Unvermögen, das äußere und innere Leben in Einklang zu bringen, oder über alles, was Sie sonst bedrängt«. Rilkes Rat: Man soll es ertragen, nicht leidend, sondern mit dem Wissen, dass es ein Teil des Lebens ist. Sich nicht dagegenstellen, das Leben geschehen lassen. Zugleich glaubt Rilke an die Fähigkeit der Menschen zur Veränderung. Der Zweifel könne eine gute Eigenschaft werden, wenn man ihn erzieht. »Er muss *wissend* werden, er muss Kritik werden. Fragen Sie ihn, sooft er Ihnen etwas verderben will, *weshalb* etwas hässlich ist, verlangen Sie Beweise von ihm, prüfen Sie ihn, und Sie werden ihn vielleicht ratlos und verlegen, vielleicht auch aufbegehrend finden. Aber geben Sie nicht nach, fordern Sie Argumente, und handeln Sie so, aufmerksam und konsequent, jedes einzelne Mal, und der Tag wird kommen, da er aus einem Zerstörer einer Ihrer besten Arbeiter werden wird.«

Wenn man erkennt, welche Kraft der gelenkte Zweifel hat, möchte man ihn gar nicht mehr loswerden. Die Schriftstellerin und Philosophin Simone de Beauvoir beschreibt in ihrer Autobiografie etwas, das man heute als Impostor-Erfahrung bezeichnen würde. Während ihrer Studentenzeit legte sie ihrem Kommilitonen Jean-Paul Sartre eine ihrer Theorien zur philosophischen Moral dar, die Sartre komplett auseinandernahm. Auf einmal standen für de Beauvoir ihre kompletten intellektuellen Fähigkeiten infrage. In ihr Tagebuch notierte sie: »Ich bin dessen, was ich denke, nicht mehr sicher, ja, nicht einmal mehr sicher, überhaupt zu denken.« Doch durch dieses Scheitern wurde ihr bewusst, dass ihre bisherigen Meinungen auf Vorurteilen und Unehrlichkeit und Oberflächlichkeit basierten – und wertete dieses Scheitern als Chance. »Meine Neugier war größer als mein Stolz; ich zog das Lernen der Angeberei vor.«

Vielleicht geht es also gar nicht darum, Impostor-Gefühle loszuwerden. Vielleicht kann man es nicht, vielleicht soll man das auch gar nicht. Vielleicht ist das Einzige, was wir tun können, einen Umgang mit dem Phänomen zu finden. Vielleicht fangen wir damit an, ganz offen darüber zu reden.

LITERATURAUSWAHL

Anderson, L.V.: »Feeling Like an Impostor Is Not a Syndrome. It's a totally normal part of experiencing success«, in: *Slate*, 12.04.2016. Online abrufbar unter: http://www.slate.com/articles/business/the_ladder/2016/04/is_impostor_syndrome_real_and_does_it_affect_women_more_than_men.html

Carey, Benedict: »Feel Like a Fraud? At Times, Maybe You Should«, in: *The New York Times*, 05.02.2008. Online abrufbar unter: http://www.nytimes.com/2008/02/05/health/05mind.html

Bonelli, Raphael M.: *Perfektionismus. Wenn das Soll zum Muss wird.* München, 2014

Brauer, Kay: *Anwendung und Evaluation eines Selbstwert-Trainings mit dem Ziel der Modifikation des Impostor Phänomens.* Masterarbeit 2015

Clance, Pauline Rose: *Erfolgreiche Versager. Das Hochstapler-Phänomen.* München 1988

Cuddy, Amy: *Presence. Bringin Your Boldest Self To Your Biggest Challenges.* London 2016

Dominus, Susan: »When the Revolution Came for Amy Cuddy«, in: *The New York Times Magazine*, 18.10.2017. Online abrufbar unter: https://www.nytimes.com/2017/10/18/magazine/when-the-revolution-came-for-amy-cuddy.html

Doward, Jamie: »Revealed: the more time that children chat on social media, the less happy they feel«, in: *The Guardian*, 09.04.2017. Online abrufbar unter: https://www.theguardian.com/society/2017/apr/09/social-networks--children-chat-feel-less-happy-facebook-instagram-whatsapp

Duplitzer, Imke: *Das Hochstaplersyndrom von Frauen. Darstellung und empirische Untersuchung inwieweit Selbstwirksamkeitserwartung und Selbstreflexion durch Coaching die Karriere beeinflussen.* Bachelorarbeit, 16.01.2017

Dweck, Carol S.: »The Secret to Raising Smart Kids«, in: *Scientific American*, 01.01.2015. Online abrufbar unter: https://www.scientificamerican.com/article/the-secret-to-raising-smart-kids1/

Eberle, Ute: »Was macht uns so, wie wir sind?«, in: *GEO kompakt*, Nr. 32 (2012), S. 38–50

Eckert, Christine: »Stereotype Threat«, in: *Gender Glossar*, 2014. Online abrufbar unter: http://gender-glossar.de/glossar/item/29-stereotype-threat

Edwards, Stassa: »You Don't Have Impostor Syndrome«, in: *Jezebel*, 14.08.2016. Online abrufbar unter: https://jezebel.com/you-dont-have-impostor-syndrome-1785211479

Feldman Barrett, Lisa: »What Emotions Are (and Aren't)«, in: *The New York Times*, 31.07.2015. Online abrufbar unter: https://www.nytimes.com/2015/08/02/opinion/sunday/what-emotions-are-and-arent.html?mcubz=0&_r=1

Fischer, Molly: »I Hope I Never Get Over My Impostor Syndrome«, in: *The Cut*, 02.11.2015. Online abrufbar unter: https://www.thecut.com/2015/11/i-hope-i-never-get-over-my-impostor-syndrome.html

Grant, Sandy: »The brilliant way feminist philosopher Simone de Beauvoir outsmarted imposter syndrome«, in: *Quartz*, 30.12.2016. Online abrufbar unter: https://qz.com/874930/i-was-suddenly-uncertain-of-my-true-capacity-simone-de-beauvoirs-daring-response-to-imposter-syndrome/

Gross-Loh, Christine: »How Praise Became a Consolation Prize«, in: *The Atlantic*, 16.12.2016. Online abrufbar unter: https://www.theatlantic.com/education/archive/2016/12/how-praise-became-a-consolation-prize/510845/

Hagedorn, Moritz Karl: *ImpostorInnen kommen zu Wort. Das Impostor Phänomen im Arbeitsumfeld Hochschule*. Diplomarbeit, Wien 2015

Harvey, Joan C. / Katz, Cynthia: *If I'm Successful, Why Do I Feel Like A Fake? The Impostor Phenomenon*. New York 1981

Imhasly, Patrick: »Die Uni ist nicht die Welt«, in: *Neue Zürcher Zeitung*, 04.07.2010. Online abrufbar unter: https://www.nzz.ch/die_uni_ist_nicht_die_welt-1.6384344

Kalle, Matthias / Stelzer, Tanja: »Ich kämpfe täglich mit deutschen Müttern«, in: *Die Zeit*. Online abrufbar unter: http://www.zeit.de/2010/09/Jesper-Juul/komplettansicht

Kay, Katty / Shipman, Claire: *The Confidence Code. The Science And Art Of Self-Assurance–What Women Should Know*. New York 2014

Kistner, Anna: »Versagensängste: Die müssen doch merken, dass ich nichts kann«, in: *Spiegel Online*, 07.11.2014. Online abrufbar unter: http://www.spiegel.de/karriere/versagensaengste-die-muessen-doch-merken-dass-ich-nichts-kann-a-999640.html

Klinkhammer, Monika / Saul-Soprun, Gunta: »Das ›Hochstaplersyndrom‹ in der Wissenschaft«, in: *Organisationsberatung, Supervision, Coaching*, Nr. 16 (2), 2009, S. 165–182

Kloepfer, Inge: »Aus Prinzip erfolgreich«, in: *Frankfurter Allgemeine Zeitung*, 24.04.2015. Online abrufbar unter: http://www.faz.net/aktuell/beruf-chance/beruf/arbeit-leistung-erfolg-druck-13546141.html?printPagedArticle=true#pageIndex_0

Leonhardt, Mona / Bechtoldt, Myriam N. / Rohrmann, Sonja: »All Impostors Aren't Alike – Differentiating the Impostor Phenomenon«, in: *Frontiers in Psychology*, Bd. 8, Art. 1505, 2017

Lobo, Sascha: »Der deutsche Perfektionismus ist Gift«, in: *Spiegel Online*, 22.06.2016. Online abrufbar unter: http://www.spiegel.de/netzwelt/netzpolitik/digitaler-wandel-das-deutsche-digitaldilemma-kolumne-a-1099078.html

Lubrano, Alfred: »The ›impostor‹ syndrome of first-generation Penn students: Uneasy among privileged, distanced from family«, in: *The Philadelphia Inquirer*, 03.10.2017. Online abrufbar unter: http://www.philly.com/philly/news/university-of-pennsylvania-working-class-college-education-freshmen-family-20171004.html

Lüftenegger, Marko / Schober, Barbara / Spiel, Christiane / Bergsmann, Evelyn / Jöstl, Gregor: »When Will They Blow My Cover. The Impostor Phenomenon Among Austrian Doctoral Students«, in: *Zeitschrift für Psychologie*, Bd. 220 (2012), S. 109–120

Maeck, Stefanie: »Dankmuskel bitte anspannen«, in: *Spiegel Online*, 26.12.2016. Online abrufbar unter: http://www.spiegel.de/gesundheit/psychologie/dankbarkeit-die-wurzel-fuer-gesundheit-und-wohlbefinden-a-1124119.html

McElwee, Rory O'Brien / Yurak, Tricia J.: »Phenomenology of the Impostor Phenomenon«, in: *Individual Differences Research*, Bd. 8 (2010), Nr. 3, S. 184–197

Neureiter, Mirjam / Traut-Mattausch, Eva: »Inspecting the Dangers of Feeling like a Fake: An Empirical Investigation of the Impostor Phenomenon in the World of Work«, in: *Frontiers of Psychology*, Bd. 6, Art. 1445, 27.09.2016

Neureiter, Mirjam / Traut-Mattausch, Eva: »Two Sides of the career ressources coin: Career adaptability resources and the impostor phenomenon«, in: *Journal of Vocational Behavior*, Nr. 98, S. 56–69, 12.10.2016

Neureiter, Mirjam / Traut-Mattausch, Eva: »An Inner Barrier to Career Development: Preconditions of the Impostor Phenomenon and Consequences for Career Development«, in: *Frontiers of Psychology*, Bd. 7, Art. 48, 04.02.2016

O'Toole, Garson: »We Don't See Things As They Are, We See Them As We Are«, in: *Quote Investigator*, 09.03.2014. Online abrufbar unter: https://quoteinvestigator.com/2014/03/09/as-we-are/#note-8403-2

Parstorfer, Theresa: »Hochstapler an Elite-Unis«, in: *Süddeutsche Zeitung Online*, 23.04.2017. Online abrufbar unter: http://www.sueddeutsche.de/muenchen/fremdgaenger-hochstapler-an-elite-unis-1.3475157

Patzak, Alexandra / Kollmayer, Marlene / Schober, Barbara: »Buffering Impostor Feelings with Kindness: The Mediating Role of Self-compassion between Gender-Role Orientation and the Impostor Phenomenon«, in: *Frontiers of Psychology*, 26.07.2017

Clance, Pauline Rose / Imes, Suzanne: »The Imposter Phenomenon in High Achieving Women: Dynamics and Therapeutic Intervention«, in: *Psychotherapy Theory, Research and Practice*, Bd.15, Nr. 3, Herbst 1978. Online abrufbar unter: http://www.paulineroseclance.com/pdf/ip_high_achieving_women.pdf

Recurse Center: »User's Manual«, in: https://www.recurse.com/manual#sec-welcome

Rilke, Rainer Maria: *Briefe an einen jungen Dichter*, Leipzig 1929

Roché, Joyce M.: *The Empress Has No Clothes. Conquering Self-Doubt to Embrace Success*. San Francisco 2013

Rohrmann, Sonja / Bechtoldt, Myriam N. / Leonhardt, Mona: »Validation of the Impostor Phenomenon among Managers«, in: *Frontiers in Psychology*. Bd. 7. Juni 2016

Rosin, Hanna / Spiegel, Alix: »Emotions Part One«, in: *Invisibilia* (Podcast), in: NPR, 01.07.2017. Online abrufbar unter: http://www.npr.org/2017/06/01/530928414/emotions-part-one

Sakulku, Jaruwan / Alexander, James: »The Impostor Phenomenon«, in: *International Journal of Behavioral Science*, Bd. 6, Nr. 1, S. 73–92, 2010

Seneca, Lucius Annaeus: *Epistulae Morales Ad Lucilium. Briefe an Lucilius*. Band 1. (hg. und übers. von Gerhard Fink). Düsseldorf 2007

Shellenbarger, Sue: »New Ways to Fight ›Impostor Fears‹«, in: *Wall Street Journal*, 19.11.2013. Online abrufbar unter: https://www.wsj.com/articles/new-ways-to-fight-8216impostor-fears8217-1384904951?tesla=y

Siegel, Tatiana: »The Complex Gender Politics of the ›Wonder Woman‹ Movie«, in: *Hollywood Reporter*, 31.05.2017 Online abrufbar unter: http://www.hollywoodreporter.com/features/complex-gender-politics-wonder-woman-movie-1008259?utm_source=Direct

Simmons, Dana: »Impostor Syndrome, a Reparative Story«, in: *Engaging Science Engaging Science, Technology, and Society* 2, S.106–127, 2016

Singal, Jesse: »How the Self-Esteem Craze Took Over America«, in: *NYMag*, 30.05.2017. Online abrufbar unter: http://nymag.com/scienceofus/2017/05/self-esteem-grit-do-they-really-help.html

Thích Nhất Hạnh: »Mara and the Buddha – Embrace Your Suffering«, in: *Plumvillage.org*, 04.08.2013. Online abrufbar unter: https://plumvillage.org/transcriptions/mara-and-the-buddha-embracing-our-suffering/

Tough, Paul: »What if the Secret to Success Is Failure?«, in: *The New York Times Magazine*, 14.09.2011. Online abrufbar unter: http://www.nytimes.com/2011/09/18/magazine/what-if-the-secret-to-success-is-failure.html

Weir, Kirsten: »Feel like a fraud?«, in: *American Psychological Association*, November 2013. Online abrufbar unter: http://www.apa.org/gradpsych/2013/11/fraud.aspx

Weissenburger, Daniel: »Mein erstes Semester als Arbeiter*innenkind: Was zur Hölle ist ein Dessertlöffel?«, in: *ze.tt*, 28.10.2017. Online abrufbar unter: http://ze.tt/mein-erstes-semester-als-arbeiterkind-was-zur-hoelle-ist-ein-dessertloeffel/

Young, Valerie: *The Secret Thoughts Of Successful Women. Why Capable People Suffer From The Impostor Syndrome And How To Thrive In Spite Of It.* New York 2011

ÜBER DIE AUTORIN

Sabine Magnet absolvierte ihre Ausbildung an der Deutschen Journalistenschule sowie der Ludwig-Maximilians-Universität München und arbeitet seit knapp zwanzig Jahren als freiberufliche Journalistin, Autorin und Kolumnistin. Ihre Texte wurden von zahlreichen Magazinen und Zeitungen sowie im Rahmen von Literatur- und Kunstprojekten veröffentlicht.

Sabine Magnet interessiert sich prinzipiell für alles und besonders für die Themen *Mensch & Befindlichkeit, wissenschaftliche Schnittstellen* und *die Abenteuer des Lebens.* Sie hat ihren Wohnsitz in München und arbeitet überall.